Rupen Das nous rend service, dans le milieu de la théologie évangélique, en nous offrant un guide pratique et éprouvé pour étudier l'impact de nos institutions théologiques sur l'Église et sur la société. Cet ouvrage fait partie d'un ensemble de nouvelles publications qui nous aideront à nous libérer de l'hégémonie occidentale dans la formation théologique. Nous serons tous gagnants si chaque faculté diversifie son programme d'études pour le rendre approprié à son contexte particulier. Das fournit une boîte à outils qui peut être adaptée à cet effet et démontre ainsi la grandeur multidimensionnelle de Dieu.

**Stuart Brooking**
Directeur général,
Overseas Council Australie

Alors qu'un vaste processus de transformation de la formation théologique mondiale est en cours, cet ouvrage vient apporter de la matière à ceux qui veulent voir leurs établissements devenir des agents préparant les dirigeants et les Églises à influencer leur contexte. Nous lui en sommes très reconnaissants.

**Josué Fernandez**
Directeur régional,
Overseas Council Amérique latine et Caraïbes
Ancien de l'Église Asociación Vida Abundante, Tucumán, Argentine

Rupen Das comprend parfaitement les processus organisationnels de la formation théologique dont il a une vaste expérience. Dans ce livre, il réussit ce tour de force : éclairer la réflexion sur la formation théologique et sa pratique, en utilisant le processus et les outils d'évaluation de la gestion axée sur les résultats. Il en résulte une contribution inédite et très utile à la formation théologique. Les formateurs en théologie qui liront cet ouvrage regretteront qu'il ne leur ait pas été disponible bien plus tôt.

**Fong Choon Sam**
Directeur des études,
Séminaire théologique baptiste, Singapour

De manière succincte, convaincante et pratique, ce manuel présente des approches variées de la formation théologique et soutient que l'efficacité de celle-ci est démontrée par la capacité du diplômé à œuvrer dans le contexte de son ministère. Les responsables d'institutions théologiques pourront tirer profit des outils d'évaluation présentés dans ce livre.

**Harry Gardner**
Doyen de théologie, Université d'Acadie

Ne pas faire le lien avec le contexte de la formation ni évaluer l'impact des diplômés sur leurs Églises et communautés constitue une défaillance sérieuse dans l'enseignement théologique. Dans le présent ouvrage, l'auteur examine les modalités de l'élaboration pertinente d'un programme d'études et l'évaluation de son impact dans le contexte de nos étudiants et diplômés. Les dirigeants et enseignants d'institutions théologiques pourraient en discuter avec profit lors de leurs rencontres et retraites. Ils pourraient également utiliser ce livre comme guide pour engager une transformation éminemment nécessaire de leurs programmes de formation.

**Theresa Roco Lua**
Directrice exécutive de l'Asia Theological Association, Philippines

Dans cet ouvrage captivant et agréable à lire, Rupen Das fait le lien entre sa passion pour l'Église et son engagement à promouvoir une formation théologique de qualité et pertinente. Il fournit des exemples de grilles d'évaluation et de questionnaires ainsi qu'une boîte à outils. Ces modèles seront utiles aux institutions théologiques cherchant à élaborer leurs propres grilles. Dans ce livre, l'auteur pointe aussi bien l'urgence qu'il y a à comprendre et à embrasser la richesse des contextes dans lesquels nous enseignons et exerçons notre ministère, que l'exigence d'une formation pertinente là où plongent profondément nos racines.

**Melody Mazuk**
Consultante internationale en développement
des bibliothèques théologiques

Toute théologie est contextuelle. Dans un monde toujours plus globalisé, cette réalité s'est imposée à certains, tout en étant sujet de discorde pour d'autres. Dans ce petit livre, Rupen Das développe brillamment l'idée selon laquelle la théologie doit être enracinée dans un lieu, « le contexte ». Il nous appelle à le prendre au sérieux, afin de permettre une réflexion rigoureuse issue de la pratique. Une lecture incontournable pour les institutions théologiques du XXIᵉ siècle dans le monde entier.

**Gary V. Nelson**
Président,
Tyndale University College and Seminary, Canada

Tous ceux qui s'engagent dans la formation de responsables cherchent à constater un impact croissant dans leur travail. Mais COMMENT pouvons-nous améliorer nos résultats dans la tâche exaltante mais ardue de former des dirigeants ? Rupen Das nous donne des éléments de réponse dans son ouvrage, *Relier le programme d'études théologique et le contexte*. Le livre de Das est **concis**, seulement 88 pages, mais rempli d'informations essentielles et précieuses. Il est **clair**, très facile à utiliser et agréable à lire. Il est également **crucial**, car notre manière de lier notre programme d'études aux enjeux de notre contexte est la clé de la permanence de nos institutions de formation. Il est **conceptuel**, exposant et analysant les notions clés qui nous permettent de saisir mentalement cette tâche de mise en relation. Enfin, cet ouvrage est **concret**, contenant des exercices très pratiques qui nous aideront à relier les perspectives tirées de ces pages à nos réalités institutionnelles et contextuelles.

La lecture de ce livre ne vous prendra pas beaucoup de temps, et vous ne le regretterez pas.

**Paul Sanders**
Ancien directeur international de l'ICETE

# Relier les études théologiques et le contexte

ICETE

Global Hub for Evangelical Theological Education

Langham

GLOBAL LIBRARY

# Relier les études théologiques et le contexte

## Pour des formations plus pertinentes

### Rupen Das

Directeur de collection

### Riad Kassis

ICETE

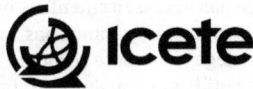

Global Hub for Evangelical Theological Education

Langham

GLOBAL LIBRARY

© Rupen Das, 2018

Publié en 2018 par Langham Global Library,
*Une marque de Langham Publishing*
www.langhampublishing.org

Les éditions Langham Publishing sont un ministère de Langham Partnership.
Langham Partnership
PO Box 296, Carlisle, Cumbria CA3 9WZ, UK
www.langham.org

ISBNs :
978-1-78368-509-7 Papier
978-1-78368-510-3 ePub
978-1-78368-512-7 PDF

Traduit de l'anglais par Celia Evenson.

Titre d'origine : *Connecting Curriculum with Context: A Handbook for Context Relevant Curriculum Development in Theological Education*, Carlisle, Langham Global Library, 2015.

Les citations qui figurent dans ce livre et sont tirées d'ouvrages en anglais ont toutes été traduites par le traducteur.

British Library Cataloguing in Publication Data
A catalogue record for this book is available from the British Library

ISBN : 978-1-78368-509-7

# Préface

Je crois profondément que la formation théologique doit être au service de l'Église. Son but majeur, mais pas unique, est de contribuer à la croissance et au développement de l'Église locale et universelle. En 2012, la consultation triennale mondiale du Conseil international pour la formation théologique évangélique (ICETE) s'est tenue à Nairobi au Kenya. Elle avait pour thème : « Enracinés dans la Parole. Engagés dans le monde. » Cependant, même lorsque nous sommes véritablement enracinés dans la Parole de Dieu et pleinement engagés dans notre contexte, comment savoir si nos programmes de formation théologique contribuent bien à la croissance de l'Église ? Est-il possible de mesurer et d'évaluer le résultat et l'impact de la formation théologique, à la fois sur l'Église et sur la société environnante ? Quelle est l'influence d'une telle évaluation sur nos programmes d'études et méthodes d'apprentissage ? Comment, pratiquement, relier notre programme d'études à nos contextes sociaux, politiques et religieux ?

Dans cet ouvrage, Rupen Das aborde habilement ces sujets importants. Poussé par sa passion pour l'Église, il apporte une analyse approfondie provenant du monde de la formation théologique, et des outils pratiques. La sagesse indienne a laissé sa marque chez Rupen Das, lui donnant éloquence et concision pour traiter dans son ensemble la question des résultats et de l'évaluation de l'impact de la formation théologique.

Cet ouvrage n'est pas théorique, bien que ses implications soient fondées sur une théorie solide de l'éducation et des principes issus de la gestion des organisations à but non lucratif. Il offre des outils pour renouveler la formation théologique. Les institutions de formation théologiques investissent des ressources financières importantes et de nombreuses personnes œuvrent pour former des pasteurs, prédicateurs, enseignants et autres responsables chrétiens en vue de l'œuvre du royaume. Par conséquent, cet ouvrage est destiné non seulement aux dirigeants d'institutions théologiques mais également aux enseignants en théologie, dirigeants d'église et organismes de financement.

La parution de ce livre en anglais a coïncidé providentiellement, mais aussi intentionnellement, avec la consultation mondiale triennale de l'ICETE en 2015, qui a justement abordé le thème de l'évaluation de l'impact et des résultats de la formation théologique. Je suis très heureux de le recommander à tous ceux qui s'engagent dans une tâche si noble. Je prie pour (et j'espère) que les principes et outils présentés donnent toute la gloire et l'honneur à notre Dieu trinitaire.

**Riad Kassis**
Directeur international de l'ICETE
Directeur international de Langham Scholars, un ministère de
Langham Partnership

# Remerciements

L'idée de ce livre est née d'une conversation avec Gordon King, un collègue chez Canadian Baptist Ministries (CBM). Les CBM financent des projets d'aide et offrent des formations pour le développement de responsables. Des systèmes de planification et d'évaluation de projets d'aide et de développement, reconnus internationalement, étaient déjà en place : des outils comme la Gestion axée sur les résultats (GAR[1]). Gordon m'a demandé s'il était possible d'adapter ces outils et processus de réflexion afin d'évaluer l'impact de la formation théologique. Ces questions ont abouti à une série de discussions au sein des CBM avec des collègues tels que Terry Smith, Sam Chaise et Colin Godwin, entre autres, pour déterminer comment procéder à une telle évaluation. Le processus a atteint son point culminant lors d'un atelier au Séminaire baptiste arabe (ABTS), à Beyrouth au Liban, où les CBM ont réuni l'ensemble du personnel impliqué dans la formation théologique dans le monde entier, dans le but de poursuivre la réflexion.

Au cours de cet atelier, un autre de mes collègues, Elie Haddad, le président de l'ABTS, a décidé de mettre en œuvre ce concept dans son établissement. Il y avait deux enjeux : dans quelle mesure le programme d'études de l'ABTS était-il pertinent pour les contextes où les diplômés de l'ABTS exerceraient leur ministère ? Et comment l'ABTS évaluerait-il sa propre efficacité en tant qu'institution de formation théologique ? Stuart Brooking, d'Overseas Council Australie (OCA), a aimé l'idée et a fourni le financement de la mise en place du projet pilote, destiné à élaborer des outils d'évaluation et de réaliser le premier cycle d'état des lieux. Greg Matthews, à l'époque stagiaire à l'ABTS, a conduit la recherche sur le terrain, collecté les données et fourni le rapport initial, aidant également à la révision des outils. Rosette Mansour a participé à l'organisation de la logistique sur le terrain pour les rencontres avec des sortants de l'ABTS.

Le projet pilote était doté d'un comité de référence dont l'objectif était d'étudier le travail réalisé pour y apporter des commentaires. Stuart Brooking, Scott Cunningham, Riad Kassis, Ashish Chrispal, Melody Mazuk et Sam Barkat faisaient partie de ce comité. Le concept a ensuite été présenté et testé dans différentes formations de l'Overseas Council (OC). Perry Shaw de l'ABTS, dont

---

1.  N.d.T : *Results Based Management* (RBM) en anglais.

le travail pionnier sur le développement des programmes d'études s'accordait avec ce que nous tentons de réaliser ici, a été un autre collègue apprécié. Marvin Oxenham et Paul Clark ont eux aussi pris part aux échanges à différents moments et leurs points de vue ont été utiles.

Je ne puis sous-estimer ici l'influence sur ma pensée de la thèse de doctorat de mon ami Teemu Lehtonen, dans laquelle il examine la formation théologique dans un contexte mondial. Ses pensées et ses recherches sont reflétées dans le chapitre 1 sans qu'il me soit possible d'en citer les références d'une façon exhaustive. Nishan Das m'a aidé à rendre présentables et compréhensibles les schémas figurant dans ce livre et Layla Ho a été d'une aide précieuse en révisant le texte pour le rendre agréable à lire.

Selon un dicton anonyme, « le succès a de nombreux pères mais l'échec demeure orphelin ». Toutes les personnes mentionnées ci-dessus, et bien d'autres encore, ont fait avancer jusqu'ici cette réflexion sur la manière de relier le programme d'études au contexte et d'évaluer l'efficacité des institutions théologiques. Les idées présentées ici sont, à plusieurs titres, assez évidentes. L'écrivain et philosophe américain Walker Percy, décrivant son art, affirme :

> [...] Vous êtes en train de dire au lecteur, à l'auditeur ou au spectateur quelque chose qu'il sait déjà sans qu'il s'en rende vraiment compte, de telle sorte qu'il éprouve la sensation de reconnaître quelque chose, une impression de déjà-vu, une prise de conscience[2].

« Non pas à nous, Éternel, non pas à nous, mais à ton nom donne gloire, à cause de ta bonté, à cause de ta vérité ! » (Ps 115.1)

**Rupen Das**
Amsterdam, 2015

---

2.    Walker PERCY, dans *Conversations with Walker Percy*, sous dir. Peggy Whitman PRENSHAW, Jackson, University of Mississippi Press, 1985, p. 24.

# 1

# Introduction
## Le défi du contexte

## 1. Arrière-plan

Les institutions de formation dans le monde font l'objet d'un examen accru sur la pertinence de ce qu'elles offrent aux communautés desservies, localement et mondialement. Il s'agit notamment du retour sur investissement attendu par les étudiants, étant donné le coût de ces études. *La question centrale est de savoir si ces institutions s'adaptent à des environnements sociaux, économiques et politiques volatils et à des sociétés pluralistes.*

Les institutions théologiques ne sont pas épargnées par ces questionnements. Jusqu'à récemment, la plupart d'entre elles fonctionnaient avec un programme de base dont le but était de communiquer les vérités fondamentales de la foi chrétienne. S'y ajoutaient des cours d'homilétique et de théologie pratique, soit les compétences nécessaires à la pratique du ministère pastoral. Le programme d'études était constitué d'un ensemble standard qui pouvait être adopté par toute sorte de public car il était imperméable à la culture, aux traditions ou aux valeurs locales.

Certaines institutions se sont montrées plus sensibles au contexte et ont élaboré un profil du diplômé. Celui-ci fournit en général un modèle identifiant les connaissances, compétences et attitudes nécessaires à l'exercice du ministère dans un milieu précis. Certaines institutions offrent également au nouveau sortant un service de formation permanente qu'il pourra utiliser tout au long de sa vie. Dans certains cas, le profil du diplômé repose sur une évaluation, formelle ou non, des besoins des Églises servies par les diplômés à un moment particulier. Cependant, la plupart des institutions théologiques ne disposent pas d'un mécanisme systématique et adaptatif permettant de remanier le programme d'études en fonction des changements du contexte environnant.

L'enjeu du contexte pose la question du but de l'institution théologique. Cherche-t-elle à former des étudiants équipés pour devenir des pasteurs capables de *faire l'œuvre du ministère* au moyen d'activités comme l'évangélisation, l'animation d'études bibliques, l'accompagnement pastoral et la prédication ? Ou vise-t-elle la formation d'étudiants aptes à *préparer* les membres de l'Église à croître vers la maturité en Christ, afin qu'ils soient capables, eux aussi, de faire l'œuvre du ministère (Ep 4.12-15) ? Si l'objectif se limite à ce que l'étudiant devienne pasteur alors, l'évaluation de l'efficacité de l'institution se fonde uniquement sur la question de savoir si l'étudiant a terminé son cursus et a bien été formé. En revanche, si la formation vise à rendre le sortant capable de préparer une Église locale « à faire l'œuvre du ministère », l'évaluation de l'efficacité du programme d'études ne se limite pas à vérifier la bonne obtention du diplôme. Elle doit plutôt considérer les progrès du diplômé dans l'effort d'équiper l'Église où il travaille.

Si certaines institutions affirment adopter la deuxième option, leur cursus ne le reflète pas forcément. Elles proposent sans doute des cours sur l'évangélisation, la formation des disciples, l'implantation d'églises, et ce que signifie être une église à vision missionnaire. Toutefois, leur formation ne comporte peut-être pas grand-chose sur la manière d'aider les membres d'une Église à être efficaces dans leurs ministères. En conséquence, c'est souvent le pasteur qui fait toute « l'œuvre du ministère », tandis que les membres n'y sont pas engagés de façon significative. À quoi ressemblerait l'impact de l'Église sur la société ou la maturité d'une assemblée ? – ces thèmes sont encore peu abordés (que veut dire, par exemple, parvenir « à la mesure de la stature parfaite de Christ » dans Éphésiens 4.13 ?).

## 2. Le problème

Étant donné les changements constants qui se produisent dans la plupart des pays émergents, de nouveaux facteurs surgissent et agissent sur les Églises. La question est de savoir s'il existe des bergers capables d'aider leurs assemblées à vivre dans leur époque. On constate un besoin croissant de responsables en mesure, non seulement de protéger leurs Églises du déclin et de la corruption mais aussi, de reconnaître les portes que Dieu leur ouvre pour le ministère et la proclamation du royaume de Dieu. Il existe un besoin de dirigeants, aux connaissances plus vastes que les éléments fondamentaux de la vérité biblique et de la prédication de la Parole, pouvant affronter, dans une perspective biblique, les enjeux de la société qui touchent les églises et leurs membres, pour les aider à être sel et lumière dans le monde qui les entoure. La pertinence de la formation théologique devient donc de plus en plus importante.

La réponse à ces défis se trouve en partie dans la manière dont les institutions théologiques réagissent face à un environnement en plein changement. Se posent-elles la question du bien-fondé de leur formation et de leur programme d'études pour les contextes où leurs étudiants vivront et exerceront leur ministère ? Ces sujets devraient être abordés à plusieurs niveaux :

- De quelles perspectives théologiques les étudiants ont-ils besoin pour comprendre et interpréter leurs contextes social, politique, économique et religieux ? La théologie dite « contextuelle » peut en inquiéter certains, ceux qui craignent une dérive par rapport à ce qu'ils estiment constituer les doctrines fondamentales de la foi chrétienne, par exemple. Pourtant, la capacité à développer une théologie contextuelle est essentielle pour assurer la pertinence de la Parole de Dieu dans un milieu spécifique.
- Les étudiants bénéficient-ils des outils nécessaires pour procéder à l'exégèse culturelle et l'analyse sociale qui leur permettent de comprendre un contexte instable et changeant ? Quelles en sont les implications sur la formation en théologie pratique, que ce soit la prédication, l'enseignement, la formation des disciples ou la relation d'aide ?

Le nœud du problème réside dans le fait que beaucoup d'institutions de formation (les institutions théologiques ne font pas exception) ne réalisent pas qu'elles opèrent à l'intérieur de systèmes sociaux, économiques, politiques et religieux qui sont variables et complexes. Aussi, ne disposent-elles pas de mécanismes pratiques leur permettant d'identifier les changements dans la société et dans l'Église et d'y répondre en conséquence, tout en conservant le cœur de la vérité biblique.

## 3. Contexte, théologie et formation théologique

Il serait naïf de croire que quiconque puisse lire les Écritures sans que sa compréhension ne soit influencée par le prisme de ses propres culture, statut économique et social, étape de vie, idéologie politique et système de valeurs. Il est primordial que ceux qui sortent des institutions théologiques saisissent les perceptions culturelles des membres de leur Église. Mark Allan Powell, professeur au Trinity Lutheran Seminary aux États-Unis, donne un exemple de lecture biblique influencée par des expériences de vie. Il a en effet demandé à ses étudiants américains de lire la parabole du fils prodigue dans Luc 15.11-31, puis de raconter, Bible fermée, l'histoire aussi fidèlement que possible à son voisin. Powell note qu'aucun de ses étudiants ne mentionna la famine rapportée au verset 14. Peu après, lors d'un cours à Saint-Pétersbourg en Russie, il demanda à cinquante participants de faire de même. Quarante-deux relevèrent cette famine. Pourquoi cette différence ? Les Russes se souvenaient, ou avaient entendu des témoignages directs, du siège nazi de la ville durant la Seconde Guerre mondiale, lorsque 670 000 personnes moururent de faim. Leur expérience influençait leur lecture de la Bible. Powell observe que, pour eux, le sens de la parabole était que Dieu les sauvait d'une situation désespérée. En revanche, pour les étudiants américains qui n'avaient jamais connu la famine, la parabole parle d'un fils désobéissant qui se repent et retourne chez son père qui, en retour, lui pardonne.

Ceci est connu sous le nom de *spécificité de domaine*[1]. D'après cette notion, les réactions, le mode de pensée et l'intuition d'une personne dépendent du contexte dans lequel le sujet est présenté. C'est « ce que les psychologues évolutionnaires appellent le "domaine" de l'objet ou de l'événement [...] Nous ne réagissons pas à une information en fonction de sa valeur logique, mais de l'environnement qui l'entoure et de la façon dont elle se manifeste à notre système socio-émotionnel[2] ».

Théologie et contexte sont foncièrement liés ; cela doit donc être reflété dans la formation proposée par les institutions théologiques. Daniel Migliore, un théologien de l'université de Princeton, formule ainsi la nécessité de connaître le contexte et ses valeurs : « Nous confessons Jésus-Christ dans des contextes historiques et culturels spécifiques. Notre réponse à ces deux questions : « Qui est Jésus-Christ ? » et « comment nous aide-t-il ? », est fortement influencée par le contexte particulier dans lequel ces questions surgissent[3]. »

Pendant longtemps, la théologie s'est concentrée sur la formulation systématique du cœur et de l'essence de la foi chrétienne, ce qu'on appelle la « théologie biblique et systématique ». On estimait que ceci constituait un corpus de vérité non seulement immuable dans sa formulation mais aussi complet en soi. Le théologien canadien Douglas John Hall suggère que le défi de mettre en

1.    N.d.T. : *Domain specificity* dans l'original.
2.    Nassim Nicholas Taleb, *Le Cygne Noir : La puissance de l'imprévisible*, trad. Christine Rimoldy, Paris, Les Belles Lettres, 2012, format Kindle.
3.    Daniel Migliore, *Faith Seeking Understanding: An Introduction to Christian Theology*, Grand Rapids, Eerdmans, 2004, p. 197.

relation la théologie systématique avec le contexte est intrinsèque à la nature même de celle-ci. Il écrit :

> La théologie systématique ou dogmatique a été lente à assimiler les leçons de la contextualité, particulièrement en ce qui concerne l'élément de lieu, et l'on ne peut s'empêcher de conclure qu'une (si ce n'est la) raison principale réside dans le caractère propre de l'entreprise. Les adjectifs mêmes *systématique* et *dogmatique* [...] trahissent une prédilection pour la permanence. Il arrive si facilement que le désir de « voir la chose dans sa totalité », d'intégrer, de décrire des liens, d'honorer l'unité de la vérité, etc. devienne, dans son exécution, un exercice à caractère définitif[4].

Cependant, avec le temps la compréhension de ce qu'est la théologie a dépassé les limites de cette vision afin de chercher à saisir la pertinence de notre foi et de notre spiritualité dans un monde de plus en plus complexe et pluraliste, où les dilemmes moraux heurtent des frontières qui n'existaient pas auparavant[5]. Migliore décrit ainsi ce processus :

> La théologie doit être une *réflexion critique* sur la foi et la pratique de la communauté. Elle ne consiste pas simplement à réitérer ce qui a été cru et pratiqué, ou l'est actuellement, par une communauté de foi [...] Lorsque cette responsabilité de mener une réflexion critique est négligée ou réduite à un rôle décoratif, la foi de la communauté est inévitablement menacée de superficialité, d'arrogance et de fossilisation[6].

De 1920 à 1950, Karl Barth s'est concentré, entre autres, sur **l'attitude** que doit manifester la communauté de foi lorsqu'elle cherche à s'examiner à la lumière de la vérité révélée : « La théologie est un acte particulier d'humilité [...]. Cet acte d'humilité consiste en ceci : dans la théologie, l'Église essaie de se rendre

---

4. Douglas John HALL, *The Cross in Our Context: Jesus and the Suffering World*, Minneapolis, Fortress Press, 2003, p. 45.
5. The Gospel and Our Culture Network, http://www.gocn.org/ est « un réseau proposant une recherche utile sur la rencontre entre l'Évangile et notre culture et qui encourage l'action locale pour la transformation de la vie et du témoignage de l'Église ».
6. MIGLIORE, *Faith Seeking Understanding*, p. xv.

compte à elle-même critiquement de ce que signifie et de ce que doit signifier, devant Dieu et devant l'homme : Être l'Église[7]. »

Alister McGrath définit la **compréhension de la théologie** : la théologie chrétienne « est donc supposée signifier l'étude systématique des idées de la foi chrétienne[8] », y compris les questions des sources, du développement, des relations et des applications[9]. Sur ce dernier point, il affirme que « la théologie chrétienne n'est pas seulement un ensemble d'idées : elle cherche à rendre possible une nouvelle façon de voir les autres, le monde et nous-mêmes, avec des conséquences sur notre comportement[10] ».

Ainsi, si la vérité est universelle, la théologie est contextuelle car elle interprète notre manière de vivre notre foi et notre spiritualité. La plupart des idées fondamentales de la théologie systématique ont évolué et se sont développées en réponse aux questions ou défis posés à la foi chrétienne à des périodes précises de son histoire. Par conséquent, toute théologie est contextuelle. Par exemple, *L'Institution* de Calvin représente un des premiers exposés systématiques majeurs du cœur de la théologie Réformée. Elle constitue la **méthode théologique** de Calvin. Avec le recul, nous constatons que cette œuvre reflète les tentatives de Calvin pour élaborer une théologie dans le contexte de l'Europe du XVIe siècle et de l'appliquer ensuite dans la vie quotidienne, à Genève précisément. En effet, il ne considérait pas la théologie comme une discipline académique façonnée isolément.

Gustavo Gutierrez, théologien péruvien et prêtre dominicain, souvent considéré comme le père de la théologie de la libération, émet une évidence :

> Aujourd'hui, on parle souvent de théologies contextuelles mais, dans les faits, la théologie a toujours été contextuelle [...] Lorsque Augustin a rédigé *La cité de Dieu*, il méditait sur le sens qu'il y avait

---

7. Karl BARTH, *Dieu pour nous*, trad. Pierre Maury en collaboration avec Roland de Pury et Jean Bosc, Paris, Les Bergers et les mages, 1998, p. 76.

8. Alister E. McGRATH, *Christian Theology: An Introduction*, 5e édition, Chichester, Wiley-Blackwell, 2011, p. 101.

9. Les « sources » traitent des sources sur lesquelles sont basées les idées chrétiennes, et incluent la Bible chrétienne, la tradition, la raison et l'expérience. Le « développement » examine comment les idées ont évolué avec le temps. C'est le domaine de l'histoire de la théologie. Les « relations » étudient comment les différentes idées chrétiennes sont liées les unes aux autres, soit « le réseau interconnecté des idées ». McGRATH, *Christian Theology*, p. 101.

10. *Ibid.*, p. 102.

pour lui et ses contemporains de vivre l'Évangile dans un contexte de transformations historiques majeures[11].

Hans Frei, théologien de la Faculté de théologie de Yale, établit, dans sa typologie de la théologie, une grille des degrés d'**implication de la théologie dans des contextes précis**[12]. À l'une des extrémités, on trouve la théologie comme discipline académique (et pas forcément chrétienne) en tant que telle, universelle dans son contenu et sans relations particulières, voire aucune, avec le contexte. À l'autre extrémité se trouve la description de la vie chrétienne (qui diffère de la théologie académique). Celle-ci se définit uniquement à partir des Écritures et de l'expérience chrétienne, qui est généralement fortement influencée par l'expérience, le contexte et la culture personnels.

La taxonomie de *Christ and culture* de Richard Niebuhr, développe la notion de l'implication théologique dans un milieu donné[13]. La compréhension de la relation du Christ avec la culture influence considérablement la pertinence du contenu d'un programme d'études en formation théologique dans son rapport avec la culture. La taxonomie de Niebuhr comprend cinq catégories :

- *Le Christ contre la culture*. Cette perspective est fondée sur la première épître de Jean, Jean 2.15-17 et Jean 5.5 où « le monde » désigne la société en dehors de l'Église. Niebuhr affirme que, dans cette catégorie, « la contrepartie de la loyauté envers le Christ et les frères est le rejet de la société culturelle[14] ».

- *Le Christ de la culture*. Le Christ est considéré comme l'apogée de l'accomplissement humain. Niebuhr écrit : « Dans chaque culture visitée par l'Évangile, il se trouve des hommes qui accueillent Jésus comme le Messie de leur société, celui qui réalise ses espoirs et aspirations[15]. » L'évêque John Nicol Farquhar en Inde a été un pionnier de cette approche. Son livre, *The Crown of Hinduism* [La couronne de l'hindouisme], paru en 1913, est centré sur la théologie de l'« accomplissement », au sens où le Christ est venu, non seulement

---

11. Daniel HARTNETT, « Remembering the Poor: An Interview with Gustavo Gutierrez », *America, the National Catholic Weekly*, 3 février 2003, consulté le 14 décembre 2010. http://www.americamagazine.org/content/article.cfm?article_id=2755.

12. Hans W. FREI, *Types of Christian Theology*, sous dir. George HUNSINGER et William C. PLANCHER, New Haven, Yale University Press, 1992.

13. H. Richard NIEBUHR, *Christ and Culture*, New York, Harper, 1951.

14. *Ibid.*, p. 47.

15. *Ibid.*, p. 83.

pour accomplir la Loi et les Prophètes (Mt 5.17), mais aussi toutes les « grandes religions » du monde.

- *Le Christ au-dessus de la culture.* Dans Matthieu 22.21, Jésus exhorte ainsi ses disciples : « Rendez à l'empereur ce qui est à l'empereur et à Dieu ce qui est à Dieu. » D'après Niebuhr, il existe une sphère où nous vivons au sein d'une culture et une autre où se situe Christ. La culture est donc séparée du Christ.

- *Le Christ et la culture en relation paradoxale.* Le croyant et le monde vivent en tension. Le point de départ pour traiter tout problème culturel doit être l'acte de réconciliation de Dieu en Christ. Le croyant qui expérimente cette dualité et cette tension « sait qu'il appartient à la culture et ne peut en sortir, que Dieu le soutient en effet en elle et par elle[16] ».

- *Le Christ transformant la culture.* Alors que le péché influence profondément le monde, Niebuhr reconnaît en Christ le rédempteur. Il est d'accord avec la théologie d'Augustin qui voyait en Christ le transformateur de la culture, celui qui « réoriente, revigore et régénère la vie de l'Homme, exprimée dans toutes les œuvres humaines[17] ».

Le théologien et éthicien baptiste James McClendon développe le concept de l'engagement théologique dans des contextes précis. Il affirme que deux faits sous-tendent le développement de la théologie et de l'éthique chrétienne. Premièrement, la théologie connaît des conflits difficiles qu'on rencontre dans l'interaction entre le monde et la théologie de l'Église. James McClendon considère que que la théologie, dans ses points de vue fondamentaux sur l'Église, et la perspective du monde, ne coïncident pas : « Le récit de l'Église n'interprétera pas le monde à la satisfaction de ce dernier[18]. » Cette différence ne peut être atténuée. Il explique qu'« en conspirant à dissimuler la différence entre l'Église et le monde, nous pourrions à court terme le séduire mais alors, nous ne ferions que le trahir[19] ».

La théologie sera toujours en conflit avec le monde. En effet, elle comporte une dimension morale, ancrée dans une vision biblique du monde, qui se situe au carrefour de la théologie et de la culture. L'Évangile interpellera sans relâche le mal qui contamine la culture et la société. Le missionnaire et missiologue Paul

---

16. *Ibid.*, p. 156.
17. *Ibid.*, p. 209.
18. James McClendon, *Ethics: Systematic Theology Vol. 1*, Nashville, Abingdon Press, 2002, p. 17.
19. *Ibid.*, p. 18.

Hiebert avertit que la contextualisation n'est pas une adoption sans discernement de la culture avec ses coutumes et ses valeurs :

> Les éléments qui trouvent leur source dans notre culture et que nous (r)ajoutons à l'Évangile constituent une offense à ce dernier et doivent être éliminés. Car l'Évangile est en lui-même un affront à nos cultures. Nous ne devrions pas tenter d'affaiblir cette offense. L'Évangile doit certes être contextualisé mais doit demeurer prophétique. Il doit être le juge du mal présent dans toutes les cultures aussi bien que dans toutes les personnes[20].

Par conséquent, trouver le bon équilibre dans notre relation avec le monde représente un défi. Le théologien mennonite Thomas Finger déclare que l'Église ne peut être séparée du monde même si les anabaptistes ont parfois tenté de le faire. Il affirme :

> La théologie est toujours en dialogue avec ses contextes culturels [...] y compris le milieu académique. Elle teste les croyances actuelles de l'Église et les révise souvent en fonction de ses échanges avec sa culture. Les anabaptistes ne devraient pas seulement valoriser ce qui les caractérise. Il leur faudrait aussi reconnaître qu'attacher trop d'importance à ce qui les distingue peut être source d'étroitesse d'esprit, d'exclusivisme et de faux sentiment de supériorité[21].

McClendon relève également que les systèmes théologiques sont souvent en conflit car l'Église ne constitue pas un ensemble harmonieux unique. Il s'appuie sur le théologien allemand Friedrich Schleiermacher, qu'il considère comme le père de la théologie moderne. Celui-ci soutenait que toute théologie doit représenter, et se référer à, la doctrine d'une entité chrétienne particulière à une époque donnée[22]. Par conséquent, les différents courants et approches théologiques émergent de contextes précis à des époques précises. Ils peuvent ou non être pertinents dans d'autres contextes à d'autres moments de l'histoire.

Le théologien et missiologue britannique Andrew Walls évoque le « principe de traduction », lorsque l'Évangile, la bonne nouvelle de Jésus-Christ, est communiqué dans différents endroits et cultures. Walls écrit : « L'incarnation est traduction.

20. Paul HIEBERT, *Anthropological Reflections on Missiological Issues*, Grand Rapids, Baker, 1994, p. 86.
21. Thomas N. FINGER, *Contemporary Anabaptist Theology: Biblical, Historical, Constructive*, Downers Grove, InterVarsity Press, 2004, p. 96.
22. McCLENDON, *Ethics*, p. 18.

Lorsque Dieu en Christ s'est fait homme, la divinité a été traduite en humanité [...] le premier acte divin de traduction donne ainsi naissance à une succession continue de nouvelles traductions. La diversité chrétienne est le fruit nécessaire de l'incarnation[23]. » Cette traduction comprend certes la langue et la culture mais nous pouvons nous demander si elle ne devrait pas aussi inclure les schémas de pensée et de raisonnement, ainsi que les systèmes philosophiques et visions du monde. Si l'Évangile est universel, il est également contextuel par la manière dont il est traduit et compris dans différents groupes socio-économiques et différentes cultures.

La théologie doit être systématique mais aussi pertinente dans chacun des contextes où l'Église est présente. La contextualisation aboutira toujours à ce que l'Évangile s'érige en juge de la société. Par conséquent, l'Église doit se livrer à une réflexion critique sur ce que Dieu a à dire sur l'injustice, les préoccupations sociales, les traditions, la culture et les valeurs dans un environnement précis. L'Église locale ne vit pas en vase clos, coupée de la société ; elle constitue plutôt une institution en son sein. Douglas John Hall signale qu'une fixation sur une théologie systématique et dogmatique unique, dans sa « réticence à s'ouvrir à la grande *variété* de contextes dans le monde [...] a, à maintes reprises, résisté à la critique de ceux qui ont été pratiquement ignorés ou exclus des grands systèmes de pensée chrétienne. Il ne s'agit pas d'un problème purement académique car ces exclus ne sont pas seulement des individus, ou des minorités infimes, mais des populations entières, des races entières, des groupes économiques[24] ». *Tout ministère, toute éthique chrétienne ou toute réponse de l'Église aux questions sociales doit découler de la compréhension de la théologie contextuelle.*

Finalement, la formation théologique est censée former des personnes à un ministère qui s'insérera dans un contexte précis. Le pasteur Eugène Peterson soutient que toute théologie est ancrée géographiquement : « Le temps est venu de redécouvrir la signification de ce qui est local, et, en termes ecclésial, de la paroisse. Toutes les églises sont locales. Tout travail pastoral se déroule dans un lieu géographique déterminé[25]. » Si cette affirmation est vraie, les diplômés d'institutions théologiques ont-ils alors la capacité et les outils pour comprendre le contexte local ?

---

23. Andrew Walls, *The Missionary Movement in Christian History: Studies in the Transmission of Faith*, Maryknoll, Orbis, 1996, p. 27-28.

24. HALL, *The Cross*, p. 48.

25. Eugene PETERSON, *Under the Unpredictable Plant: An Exploration in Vocational Holiness*, Grand Rapids, Eerdmans Publishing, 1994, p. 128. Il existe une édition française de ce livre : *Dans le ventre du poisson : où l'on apprend la sainteté de sa vocation*, trad. Antoine Doriath, Québec, Éditions La Clairière, 2006.

## 4. Modèles de formation

L'efficacité du type de formation proposée aux vocations chrétiennes est directement liée à l'importance donnée au contexte dans lequel les diplômés exerceront leur ministère. Si des distinctions sont faites entre les types de formation offertes par une institution théologique, une faculté de théologie et le département de théologie d'une université, ces catégories, avec leurs cursus et exigences en vue du diplôme, ne sont ni standardisées ni rigoureusement distinctes.

Il existe trois modèles couramment acceptés d'enseignement théologique. À l'origine, cette réflexion a été élaborée par David Kelsey de la Faculté de théologie de Yale, au moyen d'une approche bipolaire de la formation, **classique** ou **professionnelle**, reflétant « les deux types normatifs de la formation théologique[26] ». Robert Banks proposa d'y ajouter l'approche **missionnelle**[27].

**Le modèle classique**, parfois appelé « Athènes », définit la formation théologique comme le développement chrétien du caractère moral ou *paideia* (παιδεία). Dérivé de la méthode éducative philosophique grecque classique, ce terme se réfère au sens propre à l'éducation d'un enfant ; c'est un processus de croissance des qualités morales. Il s'agissait d'un système de formation culturelle pour les enfants plus âgés qui comprenait la rhétorique, la grammaire, les mathématiques, la musique, la philosophie, l'histoire naturelle et la gymnastique, soit toutes les disciplines considérées comme nobles dans la culture grecque ancienne. L'objectif était de former des personnes qui deviendraient des citoyens accomplis et cultivés[28]. La *paideia* part non pas de l'individu et son potentiel mais de la notion de personne idéale. L'éducation avait pour but de former les êtres humains pour en faire des personnes idéales, représentant la nature humaine dans sa forme véritable. Philosophes, artistes, sculpteurs, pédagogues et poètes tiraient leur inspiration de cet idéalisme. Le but d'une formation suivant le modèle classique était la transformation de l'individu.

L'Église primitive a adopté puis adapté ce modèle. Certains Pères de l'Église considéraient la foi chrétienne comme une forme de *paideia*, au sens où le caractère moral d'une personne devait être éduqué afin que celle-ci grandisse dans sa foi. Pour Grégoire de Nysse, le but de la foi chrétienne était la *deificatio*

---

26. David H. Kelsey, *Between Athens and Berlin: The Theological Debate*, Grand Rapids, Eerdmans, 1993, p. 27.

27. Robert Banks, *Reenvisioning Theological Education*, Grand Rapids, Eerdmans, 1999.

28. Richard Tarnas, *The Passion of the Western Mind: Understanding the Ideas that Have Shaped Our World View*, New York, Harmony Books, 1993, p. 29-30.

(du Latin signifiant « rendre divin » ou « édification »). La *paideia* (la formation des qualités morales et de la vision du monde) constituait le moyen d'y parvenir. La *paideia* a également influencé Basile de Césarée dans l'élaboration des règles monastiques[29]. Son objectif était de permettre aux individus de développer une vision holistique pour comprendre et saisir la totalité de la vie, y compris du monde. Il importait plus de connaître Dieu que d'avoir seulement des connaissances sur lui. Cette philosophie pédagogique a dominé pendant la période médiévale et monastique. Brian Edgar, de la Faculté de théologie d'Asbury, écrit : « Il ne s'agit pas tant de *théologie*, l'étude formelle de la *connaissance de Dieu*, que de ce que Kelsey appelle *theologia*, c'est-à-dire l'acquisition de la sagesse de Dieu[30]. » L'accent était mis sur la sainteté et la transformation de la personne. Celles-ci sont centrales dans ce modèle comme l'affirme Edgar. Selon lui, le programme d'études doit donc viser la formation personnelle et morale de l'étudiant. De ce fait, les valeurs du corps enseignant et de l'institution doivent s'unir pour atteindre cet objectif.

**Le modèle professionnel**, dit « de Berlin », plonge ses racines dans les Lumières et considère la formation théologique comme la préparation à une vocation professionnelle chrétienne. De ce fait, elle doit se situer dans le contexte d'une université comme toute discipline académique. Le terme allemand *wissenschaft* signifie étude ou science qui requiert une recherche systématique. La *wissenschaft* des facultés de théologie tire son origine du travail pionnier de Friedrich Schleiermacher (1768-1837) à l'Université Humboldt de Berlin. Il prend sa source dans le débat commencé en Angleterre et en Hollande au XVIIe siècle, sur la nécessité pour la théologie moderne d'être un discours critique dont les termes ne sont pas forcément fixés par la tradition ou la doctrine chrétienne. On exigeait aussi que la théologie soit enseignée comme discipline académique pour pouvoir l'intégrer au système universitaire classique. L'objectif n'était plus la formation morale et personnelle des individus grâce à l'étude de textes faisant autorité, mais, plutôt, la formation d'étudiants à la recherche rigoureuse afin de leur permettre de mettre en pratique les enseignements théoriques reçus.

Schleiermacher avait pour tâche de concevoir un programme d'études qui formerait professionnellement des ministres au service de l'Église d'État

---

29. Werner JAEGER, *Le christianisme ancien et la paideia grecque*, Metz, Faculté des Lettres et Sciences Humaines, 1980. La règle de saint Basile est devenue le modèle du monachisme oriental à partir du Ve siècle. Elle a influencé le développement des ordres établis par saint Benoît de Nursie, saint Dominique et Saint François d'Assise.

30. Brian EDGAR, « The Theology of Theological Education » *Evangelical Review of Theology* 29, no. 3, 2005, p. 210.

allemande, dans un contexte de défense du statut de la théologie comme branche universitaire. Il s'appuya sur la structure à quatre piliers du programme d'études théologique traditionnel, issu de la Réforme, utilisé pour former pasteurs et enseignants. Celui-ci comprenait les études du texte biblique, l'histoire de l'Église, la dogmatique (plus volontiers appelée théologie systématique actuellement) et la théologie pratique. Il adapta ce schéma à un environnement universitaire moderne. Si la philosophie et l'histoire s'inséraient bien dans les cursus universitaires le défi consistait à y justifier la place la théologie pratique. Pour les opposants, celle-ci, comme toute autre compétence professionnelle, technique ou artistique, pouvait s'acquérir dans un établissement d'enseignement professionnel tel qu'un séminaire et non dans une université scientifique. Selon Schleiermacher, l'université avait pour mandat de former les pasteurs ; et leur formation n'était pas différente de celle des médecins et juristes. Dans chacune de ces trois disciplines, il existait une progression allant de la théorie à la pratique professionnelle[31]. L'adoption de ce modèle d'étude se faisait au détriment de la *paideia* et de la formation personnelle, morale et spirituelle.

Le modèle de Schleiermacher reste celui qui est utilisé dans la plupart des institutions d'enseignement théologique de nos jours, même si le contenu précis des quatre domaines d'étude a peut-être changé. Il est entendu que des connaissances et des compétences sont requises pour un ministère pastoral. Malheureusement on fait peu de liens entre l'étude de la Bible et de la théologie d'une part, et la pratique concrète du ministère d'autre part. Charles Wood de l'Université Southern Methodist signale que l'exercice du ministère n'éclaire pas les disciplines théologiques et que les études « importantes » et « fondamentales » en théologie ne sont guère pertinentes pour la pratique du ministère[32]. Cependant, les facultés de théologie évangélique associent des éléments des deux modèles, classique et professionnel, dans leurs cursus. L'accent porte autant sur la formation du caractère moral et la vision du monde, que sur les études « professionnelles » requises pour être pasteur ou exercer un ministère chrétien quelconque, même si la théorie et la connaissance restent privilégiées.

Le dernier modèle couramment accepté, le **modèle missionnel** développé par Robert Banks, est dit « de Jérusalem ». Selon ce modèle, la mission englobe tous les aspects de la vie : famille, amitiés, travail et voisinage. Selon lui, il ne

---

31. Friedrich SCHLEIERMACHER et Terrence TICE, *Brief Outline of Theology as a Field of Study: Revised Translation of the 1811 and 1830 Editions,* 3ᵉ éd., Louisville, Westminster John Knox Press, 2011, p. 137.

32. Charles WOOD, *Vision and Discernment: An Orientation in Theological Studies*, Atlanta, Scholars Press, 1985, p. 13.

s'agit pas seulement d'une orientation vers la mission, mais d'« une formation entreprise en vue de ce que Dieu fait dans le monde, dans une perspective globale[33] ». Par conséquent, la formation théologique est comprise comme partie intégrante de la mission. Ce modèle permet de lier action et réflexion. De plus, il « met principalement l'accent sur la mission théologique, le *partenariat* pratique dans le ministère, fondé sur l'interprétation de la tradition et la réflexion sur la pratique, avec une forte dimension spirituelle et communautaire[34] ». Pour Banks, la meilleure formation théologique et spirituelle se déroule partiellement sur le terrain, encourageant les étudiants à mettre en pratique ce qu'ils étudient, englobant tous les aspects de la vie, et abordant le sujet des occasions de mission. Les cours servent pour « l'équipement en cours d'emploi » formant les étudiants à être fidèles et efficaces dans les ministères où ils sont déjà engagés. La formation, dans tous les domaines, atteint son efficacité maximum lorsque la théorie et la pratique, l'action et la réflexion, sont réunies.

La réflexion sur ces trois modèles a permis d'accroître leur nombre. Brian Edgar y ajoute une quatrième catégorie : le **modèle confessionnel**, dit « de Genève ». Ici, l'objectif est de connaître Dieu au moyen de la grâce et des traditions d'une communauté ecclésiale particulière, et plus précisément par sa confession de foi. Ceci implique « la formation [...] au moyen de l'*in-formation* sur la tradition et l'intégration de celle-ci[35] » par le biais de l'enseignement sur les fondateurs, les héros, les luttes, les points forts et les traditions qui sont à la fois distinctives et formatrices pour cette communauté. Comme exemples de ce modèle, l'on peut citer les facultés de théologie affiliées à des unions d'églises et les institutions de formation de missions particulières.

Darren Cronshaw, chercheur en missiologie à l'Union baptiste de Victoria en Australie, ajoute deux modèles supplémentaires. Le premier est le **modèle contextuel**, dit d'Auburn[36]. Selon lui, la théologie et la mission doivent s'exprimer dans des contextes précis, tel le voisinage du quartier d'Auburn[37]. Voici ce que l'évêque Lesslie Newbigin écrit au sujet du ministère pastoral : « Je ne pense pas que la paroisse géographique puisse jamais perdre sa pertinence ou être marginalisé. D'une certaine manière, la notion première de « quartier » doit rester première car c'est là qu'hommes et femmes nouent tout simplement

---

33. BANKS, *Reenvisioning Theological Education*, p. 142.
34. *Ibid.*, p. 144.
35. EDGAR, « The Theology », p. 213.
36. Darrell CRONSHAW, « Reenvisioning Theological Education », p. 9-27.
37. John FRANKE, *The Character of Theology: An Introduction to Its Nature, Task, and Purpose*, Grand Rapids, Baker Academic, 2005, p. 90.

des relations qui ne résultent pas de leurs fonctions dans la société[38]. » Selon le modèle contextuel, la formation théologique s'attache donc à comprendre l'environnement local et à apprendre à bâtir une communauté d'apprentissage (la *koinonia*). La « paroisse géographique » est un « ensemble ouvert » (pour reprendre la terminologie de Paul Hiebert). L'église locale, comme communauté d'alliance, constitue un ensemble restreint au centre de la paroisse géographique. Cette communauté vit l'Évangile et, ce faisant, les frontières s'effacent. Ensemble, ceux qui en font partie expérimentent et manifestent l'amour de Dieu afin que d'autres puissent y prendre part et, un jour, croient[39].

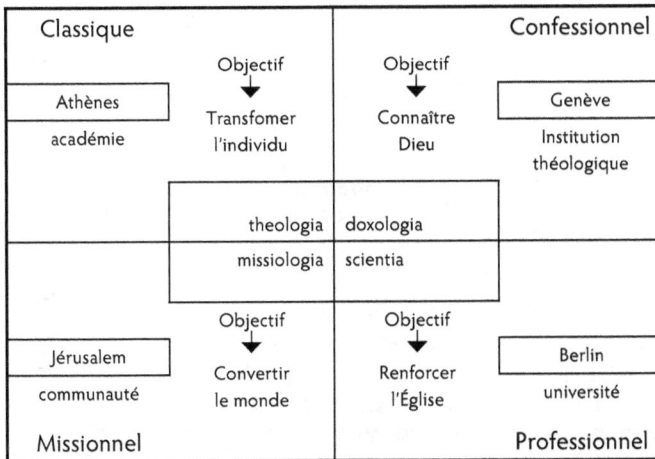

| Classique | | | Confessionnel |
|---|---|---|---|
| | Objectif ↓ | Objectif ↓ | |
| Athènes | Transfomer | Connaître | Genève |
| académie | l'individu | Dieu | Institution théologique |
| | theologia | doxologia | |
| | missiologia | scientia | |
| | Objectif ↓ | Objectif ↓ | |
| Jérusalem | Convertir | Renforcer | Berlin |
| communauté | le monde | l'Église | université |
| Missionnel | | | Professionnel |

**Figure 1.1 Quatre modèles de la formation théologique[40]**

Le second modèle ajouté par Cronshaw est le **modèle spirituel**, dit « de New Delhi ». Il s'adresse à un monde multiculturel et pluraliste. D'après Cronshaw,

> Le contexte de New Delhi pour une spiritualité missionnelle est celui de l'ashram[41]. Tandis que l'équilibre du pouvoir mondial et de l'influence chrétienne se déplace vers le Sud, Kraig Klaudt suggère avec finesse que certains ashrams indiens possèdent des

38. Lesslie NEWBIGIN, *Sign of the Kingdom*, Grand Rapids, Eerdmans, 1981, p. 64.
39. Stuart MURRAY, *Church After Christendom*, Bletchley, Paternoster, 2005.
40. Figure adaptée de EDGAR, « The Theology », p. 213.
41. Un ashram est un ermitage ou monastère. Un ashram chrétien est un lieu de retraite centré sur le Christ et où la personne qui y séjourne a l'occasion de creuser les questions de la foi et de la vie chrétiennes.

caractéristiques utiles que les institutions théologiques pourraient adopter. Ils sont situés « dans le monde » ; sont ouverts à tous ; proposent une vie communautaire engagée dans le service ; mettent l'accent sur la simplicité de vie et la maturité spirituelle plutôt que la production intellectuelle ; offrent un programme d'études holistique de développement intellectuel, spirituel, politique, esthétique, et relationnel ; organisent le temps et l'espace pour que la spiritualité et la conscience de soi trouvent leur place. La formation théologique et la spiritualité missionnelle de New Delhi me rappellent l'importance qu'il y a à dialoguer avec les visions du monde de mes voisins, et les accueillir dans le modèle alternatif de l'ashram[42].

**Figure 1.2 Six modèles de formation théologique
et de spiritualité missionnelle[43]**

---

42. Cronshaw, « Reenvisioning Theological Education », p. 12.

43. Figure adaptée de Darren Cronshaw, « Reenvisioning Theological Education and Missional Spirituality », *Journal of Adult Theological Education* 9, no. 1, 2012, p. 13.

**Tableau 1.1 Modèles de formation théologique[44]**

| Symbole | Athènes | Berlin | Genève | Jérusalem | Auburn | New Delhi |
|---|---|---|---|---|---|---|
| Modèle | Classique | Professionnel | Confessionnel | Missionnel | Contextuel | Spirituel |
| Contexte | Académie | Université | Faculté de théologie | Communauté | Paroisse | Ashram |
| Objectif/finalité | Transformer la personne | Renforcer l'Église | Connaître Dieu | Convertir le monde | S'implanter localement | Dialoguer avec d'autres visions du monde |
| Accent mis sur | La formation personnelle : Savoir qui… | Les compétences en interprétation : Savoir comment | L'information, l'intégration : Savoir quoi… | Le partenariat missionnaire : Savoir pour… | La communauté locale : Savoir où | Le multiculturel, le pluralisme : Connaître les autres |
| Formation | Individualisée, centrée sur la transformation intérieure, personnelle, morale et religieuse | Clarifier l'identité professionnelle comme base d'une pratique chrétienne | Analyse discursive, comparaison et synthèse de croyances | La formation doit se référer à tous les aspects de la vie : famille, amitiés, travail et quartier | Apprendre à être pertinent localement | Apprendre à coexister dans le respect, tout en conservant sa propre identité |

44. Tableau adapté de EDGAR, « The Theology ».

| Symbole | Athènes | Berlin | Genève | Jérusalem | Auburn | New Delhi |
|---|---|---|---|---|---|---|
| Théologie | La théologie est la connaissance de Dieu, pas sur Dieu | La théologie est une manière de penser, en appliquant la théorie à la vie. La théologie est appliquée : elle est spirituelle, missionnelle, logique, vocationnelle | La théologie est la connaissance de Dieu à travers une tradition donnée | La missiologie est la mère de la théologie. Elle implique l'action, soit la mission. | La théologie implique la pertinence spirituelle sur le plan local | La théologie est la compréhension de la révélation de Dieu dans d'autres religions et visions du monde. |
| Enseignant | Un soutien : d'assistance indirecte au moyen des disciplines intellectuelles et morales, pour aider les étudiants à grandir | Un professeur : l'enseignant est un chercheur que les étudiants assistent | Un prêtre : Connaît la tradition et la vit aussi bien qu'il la connaît | Un praticien/ missionnaire : l'enseignant n'est pas éloigné de la pratique ; enseigner implique partager aussi bien sa vie que la vérité | Un pasteur : L'enseignant conduit en étant pertinent dans la communauté | Un apologète : l'enseignant non seulement défend la foi, mais aussi construit des ponts |
| L'étudiant | Il cultive sa pensée, ses qualités morales, son âme | Il devient un théoricien capable de mettre en pratique la théorie | Il est initié dans la tradition, les croyances, la vocation et le ministère | Il est un disciple qui deviendra un faiseur de disciples | Il apprend à servir la communauté | Il apprend à construire des ponts et à défendre la foi |

## 5. Formation théologique et besoin

Pour comprendre la portée des six typologies de la formation théologique dans notre monde, Brian Edgar suggère de se poser la question suivante : « Qu'est-ce qui rend une formation *théologique*[45] ? » Les réponses comportent six aspects :

- *Le contenu* : concerne la théologie et Dieu.
- *La finalité* : inclut non seulement la connaissance mais aussi le développement du caractère moral, de la sainteté et de compétences.
- *La méthode* : définit comment la formation doit être dispensée.
- *L'esprit* : la spiritualité personnelle et communautaire imprègne tout le processus éducatif et de formation.
- *Le contexte* : identifie le lieu où se déroule la formation.
- *Les personnes* : comment la foi des personnes impliquées détermine-t-elle le contenu et les méthodes de la formation ?

Il ressort que les modèles détaillés ci-dessus doivent être examinés dans leurs rapports avec le contexte de l'Église contemporaine, les besoins des assemblées et les exigences d'un ministère adapté. Quatre types de formations théologiques se dégagent alors :

1. **La formation théologique pour les membres d'églises**. Elle a pour but de dispenser aux chrétiens un enseignement sur leur foi, de répondre à leurs questions et à leurs doutes, pour leur permettre de comprendre comment exprimer leur foi dans les Églises et dans la société ; de les doter des outils appropriés pour étudier la Bible. L'objectif d'une formation théologique des laïcs est de leur donner les moyens de trouver les fondements et la cohérence de leur foi[46].

2. **La formation théologique en vue du ministère**. Elle équipe des chrétiens pour qu'ils deviennent des pasteurs et enseignants, à temps plein ou partiel, engagés dans le service de l'Église. Le but est de les armer pour exercer un ministère fructueux au moyen de la prédication, l'enseignement, la formation des disciples et à répondre aux besoins pratiques, émotionnels et sociaux d'une assemblée. Pour y parvenir, la théologie, tant universitaire que pratique, est nécessaire. Cela comprend : des compétences bibliques et des outils d'exégèse biblique ; une compréhension des grands récits bibliques, de l'histoire

45. EDGAR, « The Theology », p. 208-217.
46. Stanley GRENZ et Roger OLSON, *Who needs Theology? An Invitation to the Study of God*, Downers Grove, InterVarsity Press, 1996, p. 29-30.

de l'Église, de la théologie systématique et son histoire ; une perspective biblique sur les questions auxquels font face actuellement les chrétiens et l'Église. Les compétences en théologie pratique devraient inclure une formation en homilétique, en pédagogie, en relation d'aide, en évangélisation, en formation de disciples, en éthique, et au conseil. Le but de tout ministère pastoral, tel que défini en Éphésiens 4.12-13, est de « former les saints aux tâches du service en vue de l'édification du corps de Christ, jusqu'à ce que nous parvenions tous à l'unité de la foi et de la connaissance du Fils de Dieu, à la maturité de l'adulte, à la mesure de la stature parfaite de Christ ».

3. **La formation théologique professionnelle** est destinée aux formateurs de ceux qui sont engagés dans le ministère. Les théologiens sont des universitaires qui ne sont pas nécessairement impliqués professionnellement dans le service de l'Église. Néanmoins, ils devraient connaître les besoins de l'Église et des divers milieux où les diplômés seront engagés pour pouvoir les former.

4. **La formation théologique académique** est enseignée dans un cadre universitaire. Elle n'est pas nécessairement enracinée dans la doctrine, la théologie ou la pensée chrétiennes. Elle porte plutôt sur l'étude de Dieu, ancrée dans l'anthropologie, la philosophie et les religions. On considère Schleiermacher comme le fondateur de la théologie académique. Voici ce que James McClendon écrit au sujet de son influence sur l'étude et la formation en théologie :

> Aux yeux de ses détracteurs, le protestantisme libéral de Schleiermacher a réduit la théologie, comprise comme les doctrines sur Dieu, à de l'anthropologie et à de banales doctrines sur les états d'âme et sentiments humains. Pourtant, selon ses disciples, Schleiermacher a diminué le rationalisme prétentieux dans la religion pour laisser la place à une foi (affective)[47].

Par définition, l'on part du principe que la théologie académique n'a aucun lien avec l'Église locale.

---

47. James McCLENDON, Jr., *Systematic Theology: Doctrine, Vol. 2*, Nashville, Abingdon Press, 1994, p. 26. Schleiermacher a par la suite précisé que toute proposition chrétienne peut être considérée comme une description d'états humains, d'attributs divins, ou de la constitution du monde (une triade dont il a fait le fondement de la structure de la *Glaubenslehre*), et a signalé que traditionnellement, ces trois formes d'expression doctrinale ont toutes coexisté.

## 6. Exercices

A.  Relisez la description des six modèles de formation théologique de la section 4. Identifiez les forces et faiblesses de chacun.

B.  Quels éléments de chaque modèle seraient appropriés à votre faculté de théologie ou institution biblique et le contexte dans lequel elle se situe ?

C.  Regardez le tableau ci-dessous présentant les quatre types de formation théologique décrits dans la section 5. Identifiez celui que votre établissement dispense ou souhaiterait dispenser. Un autre serait-il approprié à votre contexte ? Une fois le type de formation repéré, complétez le tableau en répondant de manière détaillée aux questions.

Ce travail vous aidera à commencer à définir le type de formation théologique que vous dispensez ou souhaiteriez dispenser.

| | Questions | Formation théologique pour les laïcs | Formation théologique pour le ministère | Formation théologique profession-nelle | Formation à la théologie académique |
|---|---|---|---|---|---|
| Contenu | Quel est le **contenu** de la formation ? | | | | |
| Finalité | **Pourquoi** cette formation est-elle proposée ? | | | | |
| Méthode | **Comment** cette formation doit-elle être dispensée ? | | | | |
| Esprit | Quelles sont les **valeurs** et **spiritualité** reflétées dans la formation ? | | | | |

| | Questions | Formation théologique pour les laïcs | Formation théologique pour le ministère | Formation théologique profession-nelle | Formation à la théologie académique |
|---|---|---|---|---|---|
| Contexte | **Où** la forma-tion se déroule-t-elle ? | | | | |
| Per-sonnes | **Qui**. Com-ment la **foi des acteurs de la formation** définit-elle la formation ? | | | | |

# 2

# Comprendre la notion d'efficacité

## 1. Théorie des organisations

Le corps enseignant et le programme d'études ne sont pas les seuls à déterminer l'efficacité et la qualité de la formation théologique. Celle-ci se déroulant au sein d'une institution, son efficacité dépend des structures d'encadrement et du soutien administratif. Ensemble, ces éléments peuvent produire l'impact désiré.

Qu'entend-on par « efficacité » ? L'Organisation de coopération et de développement économiques (OCDE) emploie un ensemble de critères pour évaluer ses projets et initiatives. L'un d'entre eux est l'efficacité. Elle est définie ainsi :

> Degré de réalisation des objectifs d'une activité d'aide.
>
> Pour évaluer l'efficacité d'un programme ou d'un projet, il est utile de poser les questions suivantes :
> - Dans quelle mesure les objectifs ont-ils été atteints/sont-ils susceptibles d'être atteints ?
> - Quels sont les principaux facteurs qui ont déterminé la réalisation ou la non-réalisation des objectifs visés ?[1]

Autrement dit, *l'efficacité d'une institution est appréciée en fonction des réalisations prévues et des résultats obtenus.* L'institution doit donc savoir

---

1.  OCDE, « Critères du CAD pour l'évaluation de l'aide au développement », http://www.oecd.org/fr/cad/evaluation/criteres-cad-evaluation.htm

très précisément ce qu'elle entend accomplir et disposer des mécanismes administratifs pour déterminer quels résultats ont été atteints. Il est nécessaire d'utiliser des moyens de mesures qualitatives et quantitatives pour pouvoir l'évaluer.

L'efficacité revêt deux aspects : *l'efficacité dans la gestion et l'efficacité des programmes*. Ils sont très différents et leurs critères d'évaluation sont distincts. Ensemble, ils déterminent l'impact d'une institution. On juge de l'efficacité dans la gestion sur la réalisation effective des activités prévues, sur la manière dont l'institution est comptable envers ses partenaires et sur sa viabilité à long terme. On évalue l'efficacité des programmes en fonction de leur impact (ce thème sera abordée au chapitre suivant) et des résultats des activités engagées.

Pour que sa gestion soit efficace, une institution doit être dotée d'une organisation lui permettant de réaliser sa vision et d'atteindre ses objectifs. La théorie des organisations identifie les différentes composantes d'une institution qui, prises ensemble, déterminent sa capacité. Ce sont :

- *La vision et les aspirations.* Celles-ci définissent l'identité et le but de l'institution. Elles énoncent ce qu'elle aspire à réaliser et espère accomplir. La vision et les aspirations constituent le point d'ancrage de toute sa planification. Elles sont fixées par le(s) fondateur(s) et le conseil d'administration et mises en œuvre par l'équipe de direction.
- *La structure organisationnelle.* Chaque institution doit disposer d'une structure pour fonctionner et rendre des comptes à ses partenaires pour l'ensemble de ses opérations, activités et programmes. Il existe certes des principes de bases de structuration d'une institution assurant leur efficacité. Toutefois, la structure organisationnelle repose également sur des valeurs culturelles, le personnel disponible et le contexte dans lequel l'institution opère.
- *Le personnel.* Toute institution a besoin de personnel. Elle le recrute, l'intègre, le forme (si nécessaire), le rémunère, le suit et, à terme, s'en sépare (retraite, démission ou licenciement).
- *Les compétences organisationnelles.* Quelles compétences sont-elles nécessaires à l'institution pour lui permettre de remplir son mandat et mener à bien ses projets ? Il lui faut des compétences en gestion et administration, techniques et/ou académiques.
- *Les systèmes et infrastructures.* De quelles infrastructures (bâtiments, installations, équipements) et systèmes l'institution a-t-elle besoin pour fonctionner efficacement ?
- *L'offre de formation.* Quel(s) programme(s) de formation l'institution propose-t-elle pour remplir son mandat et accomplir ses projets ?

- *Les relations extérieures et les réseaux.* Aucune institution ne peut vivre isolément. Pour être efficace, elle doit entretenir des relations avec des organisations extérieures, d'autres institutions, des services de l'État et rejoindre également des réseaux d'institutions similaires.
- *La culture organisationnelle.* Chaque établissement possède une culture fondée sur les valeurs de l'institution en tant que telle et sur celles de son/ses fondateur(s), de l'équipe de direction, du personnel, du corps enseignant et des étudiants. Il faut déterminer avec précision le type de culture collective souhaitée, afin de favoriser l'efficacité de l'institution.
- *La viabilité à long terme.* Une institution ne vit pas uniquement dans le présent. Les facteurs assurant sa viabilité sont le financement, le personnel et les ressources.
- *La gestion financière.* Toutes les institutions doivent utiliser des systèmes comptables pour gérer les fonds reçus et les biens propres et rendre des comptes réguliers à l'équipe de direction et aux donateurs.

Ainsi, le point de départ pour déterminer l'efficacité d'une institution est l'évaluation de sa capacité organisationnelle.

## 2. Évaluation de la capacité organisationnelle

Comment évaluer la capacité organisationnelle d'une institution de formation ?

Une évaluation de capacité organisationnelle n'est NI un audit NI un outil d'évaluation du respect des normes. Il n'y a ni jugement ni notation à la fin de la procédure. Il s'agit d'un processus qui permet à l'institution de tirer des leçons du passé et de développer ses capacités pour améliorer son efficacité. L'objectif principal est d'identifier ses forces et faiblesses organisationnelles, et fournir son profil détaillé au conseil d'administration, la direction et autres parties prenantes pour leur permettre de mieux la comprendre. L'objectif final de l'évaluation est de déterminer comment l'institution peut respecter la vision et remplir le mandat que Dieu lui a confiés.

### *Le processus d'évaluation*

Avant d'entamer le processus d'évaluation, il est important d'en délimiter la portée. Se borne-t-elle à la gestion et aux capacités administratives ou faut-il également apprécier les programmes de formation ? Il sera aussi nécessaire d'examiner le statut légal de l'institution :

- Sous quel statut est-elle enregistrée dans le pays ? Cela la limite-t-elle à une catégorie restreinte d'activités ?
- Fait-elle partie de réseaux ou d'associations nationaux ou internationaux ? Est-elle affiliée à une union d'églises ?

L'évaluation organisationnelle doit se dérouler de manière participative. L'équipe qui en a la charge devrait être composée de représentants de la direction, du personnel administratif, du corps enseignant et d'au moins un membre du conseil d'administration. Dans certains cas (le cas échéant), un représentant des étudiants peut aussi être inclus.

a)  La direction doit informer les parties prenantes et les cadres concernés sur le but de l'évaluation organisationnelle et la méthode employée.

b)  L'équipe chargée de l'évaluation devrait comprendre un chef d'équipe, et des représentants de la direction, du personnel administratif, du corps professoral, du conseil d'administration et (s'il y a lieu) des étudiants. Le caractère participatif de l'évaluation doit être maintenu jusqu'au bout.

c)  Avant de commencer l'évaluation, le chef d'équipe doit obtenir du conseil d'administration et de la direction de l'institution la garantie d'une collaboration pleine et entière du personnel durant tout le processus. Il doit faire tout son possible pour atténuer le sentiment de menace qu'une telle démarche peut provoquer, et confirmer à la direction et au personnel qu'il ne s'agit pas de juger mais d'améliorer l'efficacité.

d)  L'équipe d'évaluation doit se réunir au complet, sous la direction de son responsable, durant une demi-journée au minimum, afin de déterminer la manière dont se dérouleront les opérations. Les points suivants seront traités :

- Les départements et membres du personnel à interviewer.
- Les documents et explications des processus à préparer par les départements et collaborateurs avant les interviews.
- L'agenda des interviews. Le mode d'interrogatoire des membres du personnel ou des départements. L'équipe d'évaluation se répartira-t-elle en équipes plus petites ou bien ceux qui seront interviewés seront-ils entendus par l'équipe au complet ? Les deux méthodes peuvent alterner.

- Fixer à l'avance qui mènera l'entretien et qui prendra des notes.

e) L'équipe devrait consacrer au moins une heure à la fin de chaque journée à en dresser le bilan et identifier les questions particulières et tendances significatives.

f) À la fin de chaque journée, le responsable, assisté par d'autres, devrait commencer à rédiger le rapport final.

g) L'évaluation doit être présentée officiellement, à la fin du processus à la direction de l'institution (cadres dirigeants et conseil d'administration). Cette présentation sera orale et accompagnée d'une première version provisoire du rapport écrit. Ceci permettra à la direction de comprendre les questions soulevées, d'obtenir des éclaircissements et de faire des observations pertinentes à l'équipe d'évaluation. Ce n'est qu'une fois ce processus achevé qu'un rapport final devrait être établi.

Le recours à l'outil et au processus d'évaluation est un exercice qui développe des compétences essentielles de l'ensemble de l'institution. En effet, le personnel commence à comprendre en quoi consiste le développement d'une organisation centrée sur la capacité organisationnelle, les besoins en matière de formation, en équipement et ressources informatiques, l'accroissement de systèmes et d'infrastructures. En fin d'évaluation, le conseil d'administration et la direction approuveront conjointement un plan d'action pour amplifier la capacité organisationnelle de l'institution.

# 3. Exercice

Évaluez la capacité organisationnelle de votre institution à l'aide des instructions ci-dessus et de la « boîte à outils » qui suit.

## *Boîte à outils de l'évaluation de la capacité organisationnelle*

La boîte à outils permet d'étudier tous les aspects de l'organisation, y compris :

- La vision et les aspirations
- La structure organisationnelle
- Le personnel
- Les compétences organisationnelles
- Les systèmes et infrastructures

- L'offre de formation
- Les relations extérieures et les réseaux
- La culture organisationnelle de l'institution
- La viabilité
- La gestion financière

Dans chaque catégorie on trouvera une question ou une affirmation pour repérer l'existence d'un système ou processus particulier, de documents, la réalisation d'une tâche précise. Chacune de ces choses est ensuite notée ainsi :

## Grille d'évaluation

1 – Peu présent ou inexistant au sein de l'organisation (à améliorer)

2 – Manifeste ou existant (bon)

3 – Évident ou existant et d'excellente qualité (très bon)

Les chiffres 1, 2 et 3 indiquent seulement l'existence et la qualité d'un élément.

Certains éléments seront très faciles à évaluer car manifestes, alors que pour d'autres, un jugement subjectif devra être émis par les membres de l'équipe ayant les compétences requises. Vous pouvez ajouter des observations pour clarifier ou expliquer l'appréciation.

**Tableau 2.1 Outil d'évaluation de la capacité organisationnelle[2]**

| Domaine fonctionnel | Critères | Notation | | | Remarques |
|---|---|---|---|---|---|
| | | 3 | 2 | 1 | |
| | | Très bon | Bon | À améliorer | |
| Mission, vision et valeurs | L'institution est capable de rendre opérationnelle sa vision et sa mission. | | | | |
| | La vision et la mission de l'institution sont comprises par l'ensemble du personnel. | | | | |

---

2.   Tableau adapté de l'*Organizational Capacity Assessment Toolkit* de Canadian Baptist Ministries (CBM), élaboré par Rupen Das et modifié pour les institutions théologiques par Colin Godwin.

| Domaine fonctionnel | Critères | Notation | | | Remarques |
|---|---|---|---|---|---|
| | | 3 | 2 | 1 | |
| | | Très bon | Bon | À améliorer | |
| Position théologique | L'institution a une position théologique clairement formulée et biblique. | | | | |
| | L'institution a une position doctrinale clairement formulée. | | | | |
| | L'institution est capable de fonctionner dans un contexte pluraliste. | | | | |
| Mission intégrée | L'institution réussit à intégrer la dimension spirituelle et sociale du témoignage chrétien dans son programme et dans sa vie communautaire. | | | | |
| Formation théologique et de responsables | L'institution est membre d'une union d'églises ou possède des partenaires ecclésiaux qui attachent de la valeur à son objectif de former des responsables en théologie et à la pratique du ministère. | | | | |
| | Des enseignants qualifiés sont disponibles. | | | | |
| | Les cursus de formation théologique sont accrédités par des organismes nationaux, régionaux ou internationaux. | | | | |
| | L'institution de formation rend des comptes à la direction de l'union d'églises (s'il y a lieu). | | | | |
| | Des cycles supérieurs d'études théologiques sont disponibles dans la langue principale de formation. | | | | |
| | Les nouveaux diplômés sont intégrés dans la vie de l'union d'églises comme pasteurs, évangélistes et serviteurs d'Église. | | | | |

| Domaine fonctionnel | Critères | Notation | | | Remarques |
|---|---|---|---|---|---|
| | | 3 | 2 | 1 | |
| | | Très bon | Bon | À améliorer | |
| Programme d'études et enseignants | L'institution revoit son programme d'études à intervalles réguliers afin d'adapter les cours qu'elle dispense aux défis auxquels font face les diplômés et l'Église aujourd'hui. | | | | |
| | L'institution recrute des enseignants formés à la théorie et à la pratique pédagogiques | | | | |
| | L'institution recrute des enseignants ayant les qualifications académiques et pratiques requises | | | | |
| | Les nouveaux diplômés sont préparés à poursuivre leurs études dans d'autres institutions (cycles supérieurs) | | | | |
| | Le programme d'études actuel forme les futurs responsables d'église à tous les domaines principaux du ministère. | | | | |
| Structure institutionnelle | L'établissement dispose d'un organigramme clair précisant les rôles et responsabilités du personnel. | | | | |
| | Des fiches de postes existent pour tous les postes rémunérés. | | | | |
| | La direction de l'institution dispose d'un conseil d'administration qui veille sur elle. | | | | |
| | Le conseil d'administration possède un large éventail de compétences, et dispose de procédures de nomination appropriées. | | | | |
| | Le conseil d'administration comprend son rôle et fonctionne efficacement. | | | | |

| Domaine fonctionnel | Critères | Notation | | | Remarques |
|---|---|---|---|---|---|
| | | 3 | 2 | 1 | |
| | | Très bon | Bon | À améliorer | |
| **Personnel** | Les postes au sein de l'établissement sont clairement définis. | | | | |
| | Des fiches de postes précises existent pour tous les postes identifiés. | | | | |
| | La plupart des postes sont occupés par des personnes aux compétences, qualifications et avec l'expérience appropriés, sans favoritisme fondé sur le sexe, l'ethnicité ou les relations personnelles | | | | |
| | L'institution est capable de recruter les membres du personnel dont elle a besoin. | | | | |
| | Des politiques claires définissent chaque aspect de la gestion des ressources humaines. | | | | |
| | La structure salariale de l'institution est équitable et suffisante pour attirer et garder du personnel de qualité. | | | | |
| | Les politiques d'embauche et de licenciement sont clairement énoncées et sont régies par des membres du personnel de l'établissement compétents. | | | | |
| **Compétences institutionnelles** | L'institution peut mesurer et gérer ses propres compétences et faire des ajustements qui s'imposent. | | | | |
| | L'institution veille sur son environnement et son paysage opérationnels et comprend les implications des changements qui lui sont nécessaires. | | | | |
| | L'institution est capable de faire de la planification stratégique et opérationnelle. | | | | |
| | L'institution est capable de faire de la planification financière et d'établir un budget. | | | | |
| | L'institution est capable de gérer son personnel. | | | | |
| | L'institution est capable de lever des fonds. | | | | |

| Domaine fonctionnel | Critères | Notation | | | Remarques |
|---|---|---|---|---|---|
| | | 3 | 2 | 1 | |
| | | Très bon | Bon | À améliorer | |
| Implantation d'églises et témoignage | L'institution s'implique dans les projets d'implantation d'églises et de témoignage de son union d'églises (s'il y a lieu). | | | | |
| | Les étudiants sont formés à l'évangélisation et à l'implantation d'églises. | | | | |
| | Une formation continue est proposée aux pasteurs et aux responsables d'églises. | | | | |
| Systèmes et infrastructures | La planification se fait régulièrement. | | | | |
| | Des processus et structures relativement clairs existent pour la prise des décisions. | | | | |
| | L'institution dispose d'infrastructures adéquates : bâtiments, bureaux, etc. | | | | |
| | L'institution dispose de véhicules et autres moyens de transport adaptés pour visiter des projets, églises, etc. | | | | |
| | L'institution dispose de ressources informatiques appropriées et suffisantes pour être efficace. | | | | |
| | L'institution dispose d'une bibliothèque avec du personnel et du matériel adéquats, y compris des ordinateurs, et d'un budget suffisant pour des projets d'expansion. | | | | |

| Domaine fonctionnel | Critères | Notation | | | Remarques |
|---|---|---|---|---|---|
| | | 3 | 2 | 1 | |
| | | Très bon | Bon | À améliorer | |
| Relations extérieures et accréditation | Appartenance aux réseaux : L'institution fait partie d'un réseau qui : Rehausse la valeur de sa formation et évite les efforts redondants | | | | |
| | Améliore la reconnaissance et la crédibilité de l'institution auprès des autorités, donateurs et organisations à caractère religieux | | | | |
| | Renforce la capacité propre de l'institution à élaborer et mettre en œuvre des programmes d'études de qualité. | | | | |
| | Accès aux donateurs et à d'autres sources de financement : L'institution a établi des relations avec des donateurs et d'autres sources financières aux niveaux national et international. | | | | |
| | Accréditation/homologation : L'institution délivre des diplômes en tant qu'établissement accrédité par une instance d'accréditation reconnue. | | | | |
| Culture institutionnelle | Il existe une culture d'excellence et le travail de qualité est systématiquement reconnu. | | | | |
| | La culture de l'institution encourage le personnel à y rester. | | | | |

| Domaine fonctionnel | Critères | Notation | | | Remarques |
|---|---|---|---|---|---|
| | | 3 | 2 | 1 | |
| | | Très bon | Bon | À améliorer | |
| Viabilité à long terme | L'institution dispose d'une stratégie de viabilité qui peut : Diversifier et augmenter les sources de financement. | | | | |
| | Réduire sa dépendance d'une source de financement particulière. | | | | |
| | L'institution fait preuve d'un potentiel pour se développer car : Elle a connu un taux de croissance constant au cours des cinq dernières années. | | | | |
| | Des programmes et initiatives de développement du personnel ont déjà amélioré les capacités techniques et de gestion au sein de l'institution. | | | | |
| | L'institution dispose des ressources techniques et de gestion nécessaires pour élargir son offre de formation. | | | | |

| Domaine fonctionnel | Critères | Notation | | | Remarques |
|---|---|---|---|---|---|
| | | 3 | 2 | 1 | |
| | | Très bon | Bon | À améliorer | |
| Finances | Un comptable veille sur les fonctions financières de l'institution. | | | | |
| | Un audit financier annuel est réalisé par un contrôleur de gestion indépendant qualifié. | | | | |
| | L'administration dispose de systèmes informatiques suffisants. | | | | |
| | Un logiciel de comptabilité professionnel est utilisé pour la gestion de l'institution. | | | | |
| | L'institution a des relations bancaires établies et solides. | | | | |
| | Une structure d'encadrement hiérarchique est en place pour l'administration financière et la redevabilité. | | | | |
| | La direction dispose d'un système de rapports de gestion et d'information financière. | | | | |
| | La direction est comptable devant un conseil de gouvernance indépendant. | | | | |
| | Des contrôles budgétaires et financiers sont effectués de façon interne, avec des procédures convenables de redevabilité. | | | | |

Une fois cette évaluation effectuée, passez en revue le tableau ci-dessus et aidez-vous du tableau de synthèse et recommandations ci-dessous pour résumer les points suivants :

- Points forts de l'institution ;
- Domaines à améliorer et recommandations pour la mise en œuvre de changements à effectuer ;
- Domaines préoccupants et stratégies nécessaires pour réduire les problèmes ou points faibles ;
- Tout autre commentaire de synthèse.

**Tableau 2.2 Synthèse et recommandations**

| Points forts de l'institution | |
|---|---|
| | |
| **Domaines à améliorer par l'institution** | |
| | **Recommandations** |
| | |
| **Domaines préoccupants pour l'institution et stratégies pour réduire les problèmes** | |
| | |
| **Commentaires de synthèse** | |
| | |

# 3

## Relier le programme d'études au contexte

L'impact d'un programme de formation ne se mesure pas seulement de façon interne, en fonction de sa qualité ; il est également nécessaire d'identifier les résultats attendus et d'évaluer s'ils ont été atteints. Ceux-ci ne se réfèrent pas au nombre d'étudiants diplômés mais à ce qu'ils ont accompli dans leur ministère – les ministères auxquels ils ont été préparés. Le terme « résultat » est très délicat à employer car il sous-entend la réussite ou l'échec[1]. Il suggère aussi la nécessité de rendre des comptes – les ressources disponibles ont-elles été utilisées correctement pour atteindre les buts et objectifs visés ? La difficulté, lorsque l'on a recours au langage des « résultats » dans le monde de l'éducation au-delà des cours proprement dits est que de nombreux facteurs incontrôlables pèsent sur l'œuvre qu'un diplômé peut accomplir là où il a été appelé.

Ceci étant, un *lien intentionnel* doit exister entre le(s) contexte(s) où les diplômés exerceront leur ministère et le programme d'études de l'institution de formation. Si le lien est bien compris et bien réfléchi, et si le programme d'études est pertinent pour son contexte, il y a de fortes probabilités pour que les diplômés soient, en général, efficaces dans leurs lieux de ministère. Ce lien intentionnel ne consiste pas seulement à examiner les besoins du contexte auquel les étudiants ont besoin d'être préparés. Ceux-ci doivent aussi comprendre les valeurs de la société dans laquelle ils serviront ; comment les gens perçoivent et comprennent

---

1.  Par résultats d'un ministère nous n'entendons pas nécessairement le nombre de personnes converties, qui ont rejoint l'Église ou qui fréquentent les études bibliques. Certes, ils représentent des indicateurs logiques de résultats mais les conversions sont le fruit de l'action de Dieu, le Saint-Esprit. Ce livre entend par « résultats » ce qui a changé dans un contexte de ministère ou pour des individus grâce à l'œuvre du diplômé. Ceci peut inclure des conversions mais elles ne peuvent pas en constituer l'unique indicateur.

Dieu et les questions spirituelles ; leurs rêves et aspirations ; comment ils traitent l'information. L'enseignement (théologie et contenu) doit tenir compte de tous ces aspects pour être approprié au contexte où travailleront les diplômés.

Comment opérer le lien entre programme d'études et contexte pour permettre à nos diplômés d'être efficaces ?

## 1. Comprendre le lien entre le programme d'études et le contexte

Le domaine du développement communautaire[2], qui fait depuis des décennies l'objet de critiques et de pressions pour démontrer l'efficacité des fonds colossaux qui y sont consacrés, offre des approches intéressantes sur la manière de lier le programme d'études et le contexte. En réponse aux détracteurs, les professionnels de développement ont dû créer une discipline structurée pour analyser les problèmes et concevoir des réponses adaptées. Il ne suffit pas de démontrer que les activités ont bien eu lieu mais que les projets réalisés ont effectivement produit un changement. Nous pouvons en tirer quelques leçons pertinentes :

A.   Tout projet, programme, intervention, ou prestation de service doit être fondé sur une évaluation des besoins et une analyse des problèmes. Cela permettra d'identifier des questions et/ou problèmes spécifiques devant être traités. L'accent est mis sur la pertinence et la réponse aux besoins.

B.   Il est essentiel de réfléchir à la logique d'un programme d'études pour assurer sa pertinence et son efficacité (succès). L'accent porte alors sur le « résultat » – soit le principal contexte qui requiert une solution. Toute formation doit traiter des besoins au niveau des résultats. Ainsi, une action donnée produira un changement. Dans la théorie du développement, on le représente ainsi :

Lorsque nous essayons de comprendre ce modèle liant programme d'études et contexte, il faut garder les points clé suivants à l'esprit :

• Une activité telle que la formation a un but ; elle n'est pas une fin en soi. Ainsi, la quantité de personnes formées n'est pas très significative

---

2.   N.D.E. : Développement communautaire : « manière de travailler fondée sur la poursuite de l'équité, de la justice sociale, de la participation et de l'autonomisation, qui permet aux gens de cerner les sujets de préoccupation communs et qui les soutient dans l'action entreprise à cet égard » (OMS, 1999).

si nous n'évaluons pas ce qu'elles font ensuite de cette formation. Une activité n'est que la première étape d'un processus qui produira des résultats.

- Une activité ou formation doit entraîner un changement. Une activité réalisée n'est pas un « produit » ; elle indique seulement que la formation a été dispensée. Elle ne prouve donc pas qu'un apprentissage ait eu lieu, ce qu'on ne peut tenir pour acquis.

## Une chaîne logique

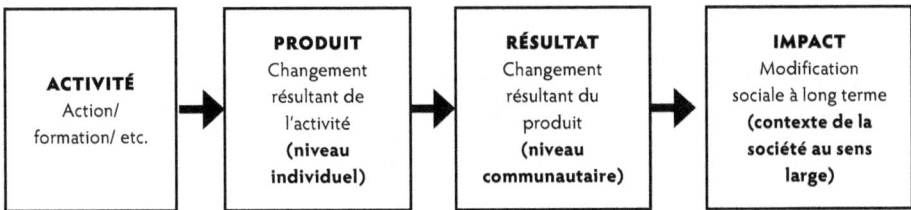

| ACTIVITÉ Action/ formation/ etc. | | PRODUIT Changement résultant de l'activité (niveau individuel) | | RÉSULTAT Changement résultant du produit (niveau communautaire) | | IMPACT Modification sociale à long terme (contexte de la société au sens large) |
|---|---|---|---|---|---|---|

Figure 3.1 Modèle logique d'un programme d'études

L'efficacité d'une formation se mesure à deux niveaux :

i. *La réalité de l'apprentissage.* Ceci s'évalue au moyen des contrôles, examens, études de cas, travaux, projets, etc. Un « produit » mesure les changements intervenus chez l'étudiant grâce à la formation : compréhension d'une question, niveau de compétence, acquisition de connaissances supplémentaires, attitude. Un « profil du diplômé » est pertinent au niveau du produit car il identifie les changements qui doivent advenir au moyen de la formation, avant l'obtention du diplôme. En sciences de l'éducation, on parle de « résultats attendus de la formation[3] » pour désigner ces changements.

ii. *L'utilisation de ce qui a été appris* est le second niveau d'évaluation de l'efficacité de la formation. Ce point est crucial, puisque l'apprentissage n'est pas une fin en soi mais comporte un but. L'utilisation de ce qui a été appris et son impact sont désignés par le terme de « résultat » (ce qui est différent d'un résultat attendu).

- L'efficacité d'une activité ou d'une formation est évaluée au niveau du résultat. Le diplômé a-t-il utilisé ce qu'il a appris ? Dans quelle

---

3.    N.d.T. : *educational outcomes* dans l'original.

mesure cet apprentissage était-il adapté et utile pour faire face aux enjeux du contexte de son ministère ou pour communiquer une vérité spirituelle ? Une formation est dispensée afin d'entraîner des changements au niveau des résultats (dans la communauté ou l'église).

• La formation peut aussi influencer la société, et pas seulement la communauté locale, l'Église ou tout autre contexte de ministère. Cependant, toute activité qui contribue à une transformation sociale à long terme le fait seulement en conjonction avec d'autres facteurs ou influences. Il est rare qu'elle soit l'unique cause de changements dans la société.

L'exemple qui suit souligne la différence entre une **activité**, une **activité réalisée**, un **produit** et un **résultat**. Non-théologique et très simple, cet exemple permet de mettre en lumière ces différents concepts.

---

### Un exemple de logique de programme

**Pour montrer la différence entre une activité, une activité réalisée, un produit et un résultat.**

Une étude de terrain dans une communauté a révélé un taux très élevé de malnutrition chez les enfants. Une analyse plus approfondie a établi que la malnutrition était due au fait que les mères ne préparaient pas de repas équilibrés et nutritifs.

Un programme de formation a alors été conçu pour le leur apprendre en partant du principe que, une fois formées, elles s'y mettront et le nombre de cas de malnutrition des enfants baissera.

La formation dispensée est **l'activité**.

Une fois quelle est achevée, on parle d'**activité réalisée**.

Une activité réalisée signifie uniquement que la formation a bien été dispensée. Elle n'implique pas que quoi que ce soit ait été appris. On ignore comment les mères considèrent ce moment de formation : un temps loin de leurs maris et enfants sans responsabilités domestiques, un temps d'échanges et de soutien entre femmes, etc. Y voient-elles plutôt une occasion d'en apprendre davantage sur la nutrition pour aider leurs enfants ? Par conséquent, lorsqu'on leur demande de remplir le formulaire d'évaluation de la formation, et qu'elles déclarent : « C'était vraiment bien et utile ! Nous devrions avoir ce genre de moments plus souvent ! », que veulent-elles dire vraiment ? Sans nier l'intérêt des commentaires et appréciations des participantes, il est tout aussi important d'évaluer ce qui a été appris et dans quelle mesure leurs connaissances en matière de diététique ont évolué et, avant tout, leur comportement a changé. Ont-elles pu cuisiner des repas équilibrés ?

Cette évolution dans leurs notions de diététique, et tout changement dans leur comportement et actions résultant de la formation, sont compris sous le terme « **produit** ». Un produit ne correspond pas à une activité réalisée.

L'activité réalisée et le produit n'ont pas encore entraîné de changements dans la santé des enfants. Ce n'est pas parce que les mères ont des connaissances en diététique et ont la capacité de composer des repas nutritifs qu'elles en ont fait en rentrants chez elles. La seule manière de prouver l'efficacité de la formation est de voir si le taux de malnutrition a baissé. C'était l'objectif de la formation.

La baisse du taux de malnutrition infantile résultant des repas nutritifs préparés par leurs mères est désignée par le terme « **résultat** ». La formation est directement liée aux problèmes et enjeux du contexte.

**En résumé**

La compréhension du contexte (une évaluation des besoins et une analyse du contexte) est la clé de la conception du programme de formation. Mettre en œuvre le programme de formation est l'activité. Une fois qu'il a été dispensé avec succès, cela devient une activité réalisée. Le changement observé dans les notions, attitudes et comportements des participantes s'appelle le produit. Une fois que les connaissances acquises pendant la formation sont utilisées dans le contexte et que des changements sont constatés, nous pouvons parler de résultat.

Lorsqu'une action ou activité produit un résultat, ce type de logique de programme a plusieurs implications pour la formation théologique.

- La plupart des programmes de formation théologiques mettent l'accent sur les vérités qui doivent être connues. Insister sur le contexte (au niveau du résultat) signifie que ce n'est pas seulement le contenu de la vérité qui doit être assimilé ; l'étudiant doit aussi comprendre comment la communiquer de sorte que ceux à qui il s'adressera la saisissent. Quels facteurs culturels et philosophiques pèseront sur leur compréhension de la vérité ? Comment réagissent-ils à divers types de communication, étant donné que chacun reçoit différemment l'information et possède sa manière propre d'apprendre.
- La responsabilité des institutions de formation ne s'arrête donc pas au niveau du produit (l'obtention du diplôme), c'est-à-dire à s'assurer que les étudiants correspondent bien aux critères du « profil du diplômé ». Pour qu'une formation soit efficace et pertinente, elle doit avoir un effet sur le résultat – dans la communauté ou l'église où le diplômé exercera son ministère. Si l'on ne constate aucun changement significatif au

niveau du résultat (dans le quartier ou l'église du ministère), c'est que la formation était inefficace ou non pertinente. C'est l'un des critères (mais non le seul) d'évaluation du programme. La responsabilité de l'institution théologique ne se limite pas à remettre son diplôme à l'étudiant. Elle veille également à ce qu'il soit efficace sur son lieu de ministère. Ce n'est qu'à ce moment-là que l'institution est assurée que l'enseignement dispensé a été fructueux.

- Une évaluation des besoins, problèmes et dynamiques aux niveaux du résultat (la communauté ou l'église) et de l'impact (la société au sens large), influera sur le type d'activité ou de formation envisagé. À quels problèmes et enjeux la population est-elle confrontée là où les diplômés exercent leur ministère ? Quelle est sa compréhension des vérités bibliques ? Est-elle plutôt ouverte ou fermée à l'Évangile ? La formation a pour but d'entraîner des mutations bénéfiques au niveau du résultat (communauté ou église) et de contribuer au changement au niveau de l'impact (société au sens large).

- Il est nécessaire de suivre régulièrement les changements réalisés dans le contexte aux niveaux du produit (communauté ou église) et de l'impact (société au sens large) pour s'assurer de la pertinence de la formation.

- Il est également nécessaire de mettre en place des mécanismes administratifs qui fournissent à la direction de l'institution des informations et des retours sur les changements opérés aux niveaux du produit, du résultat et de l'impact afin qu'elle puisse prendre des décisions informées sur la révision du programme d'études ou de certains cours.

## 2. Concevoir un système de retours

Pour bien relier le programme d'études et le contexte, deux facteurs sont critiques. Tout d'abord, des systèmes administratifs doivent être mis en place pour recueillir les appréciations des étudiants et des enseignants. Ensuite, ces systèmes doivent être facilement utilisables pour permettre des résolutions en fonction de ces retours.

A.  *Le système de retours.* Une institution de formation doit se doter d'un système de retours pour évaluer l'évolution des programmes de formation et pour s'assurer que l'institution fonctionne bien.

Les examens, par exemple, permettent d'apprécier les progrès des étudiants. Un rapport mensuel donne un aperçu de la situation financière de l'établissement. De même, il est nécessaire d'élaborer des mécanismes aux niveaux de l'activité, du produit et du résultat pour recueillir l'information et fournir des retours sur les améliorations et changements en cours.

B.  *La prise de décision.* Les bonnes décisions se prennent en fonction des informations et retours provenant des différents secteurs de l'institution. Il n'est pas rare que l'évaluation d'un programme de formation soit tout simplement classée sans suite. Tous les avis et informations recueillis doivent être clairement communiqués aux responsables de l'établissement pour qu'ils les évaluent et agissent en conséquence.

Un système de retours pourrait ressembler à ce qui suit :

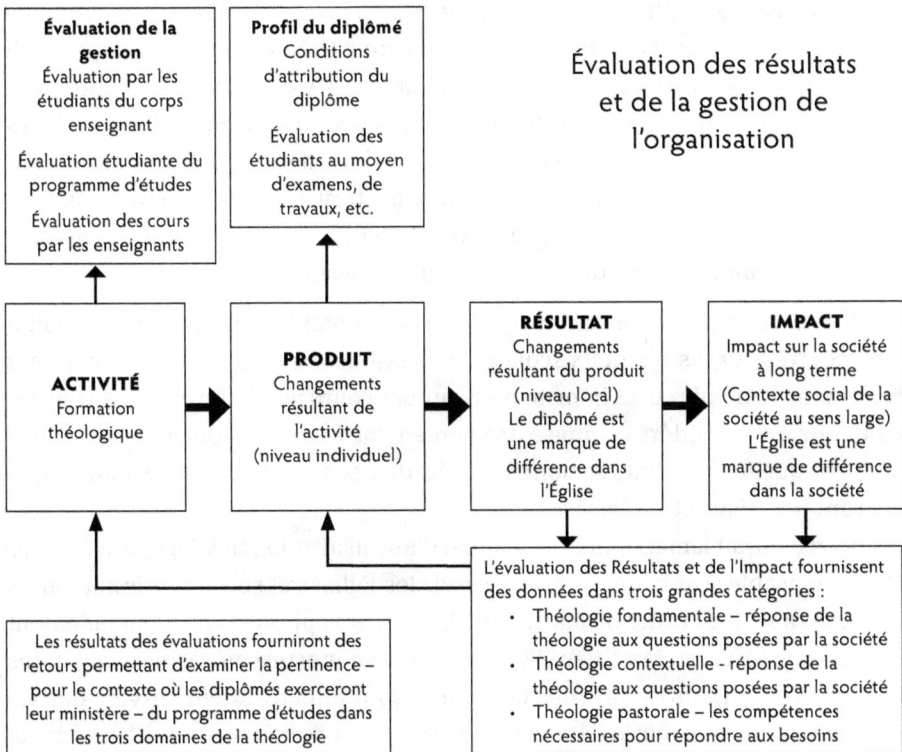

**Figure 3.2 Évaluations organisationnelles et modèle de retours**

Quelques points clés concernant la figure 3.2 :

- Avant d'élaborer ou de revoir un programme d'études, il est nécessaire d'effectuer une enquête détaillée sur les différents milieux où les diplômés exerceront leur ministère (églises et/ou communautés) et leurs contextes sociaux, religieux et politiques. Cette démarche est cruciale pour définir le contenu du programme.

- Une fois chaque activité/cours terminé, son efficacité doit être évaluée (évaluation de la gestion). S'il est important que les professeurs apprécient la réussite de leurs cours, il est tout aussi significatif de recueillir les avis des étudiants sur leur bien-fondé et la pédagogie adoptée : clarté et compréhension, pertinence pour le contexte du ministère. Ces retours seront adressés au doyen ou responsable académique qui travaillera ensuite avec les enseignants concernés pour apporter les changement éventuels.

- L'objectif principal d'une faculté de théologie est de former des responsables. Ils constitueront son « produit ». Ceci est assez facile à évaluer. La plupart des institutions théologiques ont déjà établi des « profils du diplômé » ou fixé des « exigences pour l'obtention du diplôme », pour chaque cursus proposé. Tout au long de leurs études, les étudiants sont évalués pour déterminer s'ils atteignent ces exigences : contrôles, examens, travaux, projets, études de cas, etc. Ce sont les progrès dans les connaissances, compétences et comportement de l'étudiant qui sont évaluées.

Si le profil du diplômé ou les exigences pour l'obtention du diplôme (produits) sont centrés sur les résultats scolaires des étudiants, ces derniers fournissent également de nombreuses informations sur des cours précis. En existe-t-il que les étudiants ont considéré comme extrêmement faciles ou, au contraire, difficiles ? Une fois que les résultats scolaires des étudiants sont compris, certains cours devront peut-être être révisés.

Il ne faudrait jamais limiter le mandat d'une institution théologique à équiper les responsables car ceux-ci doivent servir les Églises et sociétés missionnaires engagées à suivre l'ordre de Matthieu 28.19-20 et le plus grand commandement énoncé par Jésus en Matthieu 22.37-38. Cela se mesure en recherchant si les Églises et les organisations missionnaires sont effectivement servies par les diplômés. Pour pouvoir le déterminer, l'évaluation doit être conduite en étroite collaboration avec elles.

En ce qui concerne le résultat, des études périodiques des contextes de ministère des diplômés (églises et/ou communautés) fourniraient une foule d'informations pour revoir le programme d'études ou certains de ses éléments. Les retours émanant des diplômés, de l'Église, des principaux responsables chrétiens et de la population environnante, permettront de reprendre les trois aspects de la formation théologique :

A.   *Les vérités théologiques fondamentales.* Celles-ci comprennent les confessions de foi, la théologie systématique ou biblique et l'histoire de la théologie. Si l'étude des concepts théologiques est importante dans toute formation théologique, certaines notions spécifiques s'avèrent problématiques dans un contexte précis (Jésus comme Fils de Dieu en terre d'islam, Dieu unique dans un contexte hindou). Les étudiants doivent non seulement les connaître, mais aussi savoir comment les aborder.

B.   *La théologie contextuelle.* Comment Dieu est-il perçu dans une culture ou un contexte particuliers ? Il est crucial que l'éthique chrétienne soit étudiée en fonction des différents contextes. Quel est l'enseignement biblique sur la pauvreté et la justice sociale, le genre, la race, le trafic d'êtres humains, l'immigration, l'excision, etc. ? Quelles questions sociales et morales précises, issues d'un contexte particulier, doivent être abordées selon une perspective chrétienne ? Quelle forme prend l'adoration de Dieu dans une culture et un contexte précis ?

C.   *La théologie pastorale.* Les individus et les familles rencontrent-ils des difficultés spécifiques qu'un diplômé saurait traiter ? Comme exemples, on peut citer l'éducation des enfants, les relations conjugales, le divorce, la belle-famille dans le contexte de la famille élargie, l'orientation sexuelle, le choix du conjoint, etc. Les questions pastorales peuvent aussi inclure des problèmes auxquels font face les nouveaux convertis comme la persécution, le baptême, le rejet par la famille et la société, la polygamie, etc.

Les informations provenant d'études, d'appréciations d'étudiants et professeurs et les résultats obtenus par les étudiants doivent être adressées aux membres de l'équipe de direction habilités à prendre les décisions au sujet de la refonte du programme d'études ou la révision de certains cours. Il arrive trop souvent que l'information issue de l'évaluation ne soit jamais traitée.

## 3. Fréquence et méthodes d'évaluation

Les évaluations et systèmes de retours peuvent devenir trop compliqués à gérer s'ils ne sont pas planifiés correctement. Les éléments recueillis doivent être répertoriés de manière à permettre des décisions appropriées. Le tableau suivant identifie les différents participants, les évaluations et retours, leur fréquence et les méthodes utilisées pour récolter les données.

**Tableau 3.1 Fréquence et méthodes d'évaluation**

| ACTIVITÉ | | | |
|---|---|---|---|
| Contenu | Participants | Méthodologie | Fréquence |
| Appréciation des étudiants et professeurs sur un cours | Étudiants et professeurs | Évaluation du cours | À la fin de chaque cours |
| PRODUIT | | | |
| Contenu | | Méthodologie | Fréquence |
| Résultat du programme de formation | Étudiants | Répondre aux exigences d'obtention du diplôme en réussissant aux examens, en terminant les devoirs et projets, etc. | Une fois par an |
| Profil du diplômé | Étudiants | Auto-évaluation | |

| RÉSULTAT | | | |
| --- | --- | --- | --- |
| Contenu | Participants | Méthodologie | Fréquence |
| **Auto-évaluation**<br>Qu'utilisent-ils de ce qu'ils ont reçu de l'institution théologique ?<br>Que n'utilisent-ils pas ?<br>Que souhaiteraient-ils avoir appris au cours de leur séjour dans l'institution théologique ?<br>Quels effets positifs voient-ils sur leur ministère ?<br>Prédication/enseignement<br>Formation de disciples<br>Ministère auprès des familles enfants/jeunes<br>Évangélisation<br>Réponse aux besoins sociaux : les pauvres et les personnes vivant en marge de la société<br>Gestion de conflits<br>Gouvernance/structures de l'église<br>Y a-t-il des problèmes ou enjeux spécifiques auxquels l'église ou la communauté locale font face et pour lesquelles le pasteur aurait besoin de nouvelles compétences, perspectives, ou formation ? | Diplômés | Questionnaire, principalement qualitatif avec des éléments quantitatifs<br><br>Il sera suivi d'un entretien individuel | Tous les 2-3 ans |
| **L'église (membres et amis)**<br>Évalue le pasteur dans chacun des domaines ci-dessus mentionnés<br>Évalue son propre cheminement spirituel | L'église où le diplômé exerce son ministère | Groupes témoins | |

| IMPACT | | | |
|---|---|---|---|
| **Contenu** | **Participants** | **Méthodologie** | **Fréquence** |
| 1. La perception de l'église et de son efficacité/impact/influence qu'ont : <br> - Les responsables-clés d'église <br> - Des personnes de l'extérieur/des non-croyants | Responsables principaux d'église et personnes de l'extérieur dans les domaines où les diplômés exercent leur ministère | Entretien avec les personnes stratégiques | Tous les 5-7 ans |
| 2. Comment l'église s'implique-t-elle dans la vie de son quartier et dans la société en général, en pourvoyant selon ses moyens des services, des projets de développement et/ou la défense des faibles et démunis ? Comment l'église démontre-t-elle concrètement la réalité de la bonne nouvelle du royaume de Dieu ? | Les responsables locaux et habitants des quartiers où l'Église du diplômé exerce un ministère | Entretiens, visites des projets de l'Église | |
| 3. Comment la société (environnante) perçoit-elle : Dieu (le Christ, la Trinité, etc.) La Bible L'Église Le Salut L'institution théologique prépare-t-elle les étudiants à dialoguer avec les perceptions de la société concernant ces thèmes ? | Responsables d'église clé et éventuellement théologiens | Entretiens avec des sources clé | |
| 4. Quels messages concurrents circulent, et par quels médias passent-ils ? L'institution théologique apprend-elle à ses étudiants à trouver leur place et à communiquer efficacement ? | Responsables d'église clé, sociologues et autres commentateurs sur les questions sociales | Entretiens avec des sources clé, et recherche de données disponibles de sources variées. | |

Une implication de toute l'institution est indispensable pour recueillir les retours et s'assurer que les changements nécessaires sont engagés. Le processus doit être piloté par la direction de l'institution. Cependant, il est impératif de désigner une personne qui élaborera, mettra en œuvre le processus d'évaluation et la récolte des retours, classera les données et s'assurera qu'elles parviennent bien au bon décisionnaire. Sans cela, le processus ne pourra pas être déclenché.

## 4. Évaluer l'efficacité

Un tel processus d'évaluation permet, non seulement de faire le lien entre programme d'études et contexte, mais encore, d'évaluer l'efficacité de l'institution et de son offre éducative. Les informations sur l'efficience des responsables formés par l'institution théologique proviendront des retours de diplômés, d'Églises et lieux de ministère des diplômés et de certains responsables chrétiens clé.

S'appuyant sur sa compréhension du contexte, l'institution théologique peut mettre en place des indicateurs précis aux niveaux de l'Église et de la communauté pour déterminer si elle est en voie d'atteindre ses objectifs et de suivre sa vision. Ils peuvent peuvent être *quantitatifs* dans la mesure où ils apprécient les changements intervenus ou les activités lancées. Ils peuvent aussi être *qualitatifs*, décrivant une situation et jugeant si elle s'est rapprochée de l'idéal visé.

Une institution théologique doit avoir le moyen de déterminer si elle rejoint ses objectifs. Les *indicateurs de gestion* vérifient si les activités prévues ont bien été effectuées : nombre d'étudiants ayant obtenu leur diplôme ; respect du budget prévu ; atteinte de la cible de la levée de fonds ; degré de recrutement d'étudiants de qualité ; corps enseignant, équipements et ressources correspondant aux besoins nécessaires pour mettre en œuvre son programme éducatif. Avec les *indicateurs programmatiques*, on examine l'impact du programme d'études : évolution de la compréhension qu'ont les étudiants de la Bible, de la théologie et du ministère ; efficacité des diplômés dans les lieux de leur ministère ; dans quelle mesure la société et les communautés locales sont-elles influencées par les Églises et les ministères dans lesquels les diplômés sont impliqués ?

Les indicateurs de gestion et programmatiques donnent ensemble un aperçu de l'efficacité des institutions théologiques. Vous trouverez ci-dessous un exemple d'élaboration d'indicateurs, aux niveaux des résultats et de l'impact, établis par le Séminaire théologique baptiste arabe (ABTS) de Beyrouth, au Liban. Pour les résultats, l'équipe a conçu des indicateurs évaluant comment le séminaire (i) sert les Églises, (ii) fournit des ressources spécialisées ; (iii) forme des hommes et des femmes fidèles ; (iv) perçoit l'efficacité des ministères des diplômés ; (v) si Jésus-Christ est proclamé comme Seigneur.

## Figure 3.3 Modèle de l'ABTS avec indicateurs d'efficacité

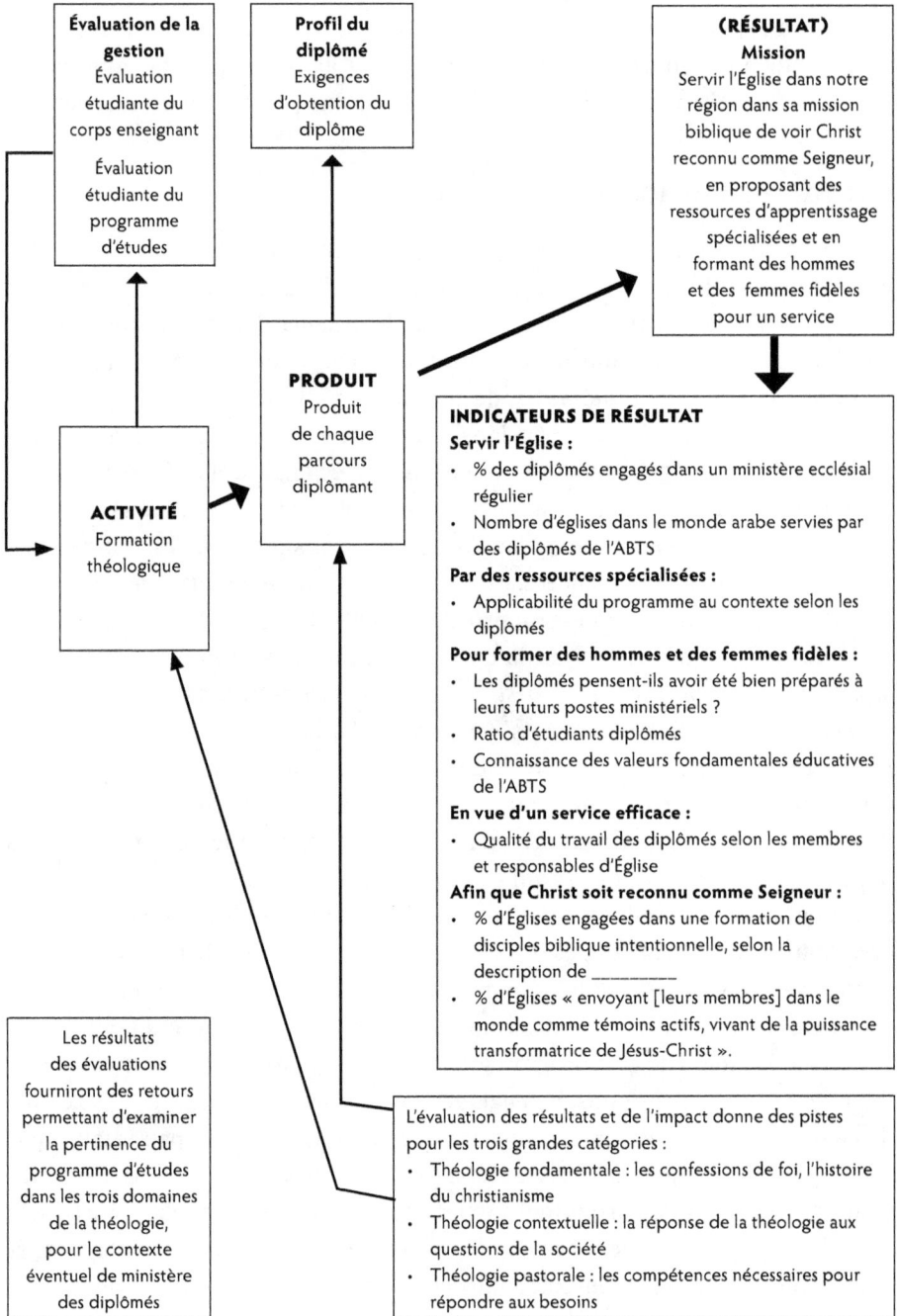

**Évaluation de la gestion**
Évaluation étudiante du corps enseignant

Évaluation étudiante du programme d'études

**Profil du diplômé**
Exigences d'obtention du diplôme

**(RÉSULTAT)**
**Mission**
Servir l'Église dans notre région dans sa mission biblique de voir Christ reconnu comme Seigneur, en proposant des ressources d'apprentissage spécialisées et en formant des hommes et des femmes fidèles pour un service

**PRODUIT**
Produit de chaque parcours diplômant

**ACTIVITÉ**
Formation théologique

**INDICATEURS DE RÉSULTAT**
**Servir l'Église :**
- % des diplômés engagés dans un ministère ecclésial régulier
- Nombre d'églises dans le monde arabe servies par des diplômés de l'ABTS

**Par des ressources spécialisées :**
- Applicabilité du programme au contexte selon les diplômés

**Pour former des hommes et des femmes fidèles :**
- Les diplômés pensent-ils avoir été bien préparés à leurs futurs postes ministériels ?
- Ratio d'étudiants diplômés
- Connaissance des valeurs fondamentales éducatives de l'ABTS

**En vue d'un service efficace :**
- Qualité du travail des diplômés selon les membres et responsables d'Église

**Afin que Christ soit reconnu comme Seigneur :**
- % d'Églises engagées dans une formation de disciples biblique intentionnelle, selon la description de _____
- % d'Églises « envoyant [leurs membres] dans le monde comme témoins actifs, vivant de la puissance transformatrice de Jésus-Christ ».

Les résultats des évaluations fourniront des retours permettant d'examiner la pertinence du programme d'études dans les trois domaines de la théologie, pour le contexte éventuel de ministère des diplômés

L'évaluation des résultats et de l'impact donne des pistes pour les trois grandes catégories :
- Théologie fondamentale : les confessions de foi, l'histoire du christianisme
- Théologie contextuelle : la réponse de la théologie aux questions de la société
- Théologie pastorale : les compétences nécessaires pour répondre aux besoins

**(IMPACT)**
**Vision**
Voir Dieu glorifié,
les personnes
réconciliées avec lui,
et les communautés
restaurées par le
ministère de l'Église
dans le monde arabe

**VOIR DIEU GLORIFIÉ**
Les Églises unies dans l'adoration chantent
« **Digne est le Seigneur** – et Jésus, l'Agneau immolé – de recevoir l'honneur, la puissance et la louange »
et s'adonnent à une adoration qui **transforme entièrement**
les pensées et les attitudes de chacun
Lorsque les personnes rencontrent le divin (ou la divinité), elles sont poussées à
**aller et proclamer** ses merveilles ;
témoignant de l'amour et de la grâce de Dieu.

**LES PERSONNES RECONCILIÉES AVEC DIEU**
Lorsque les individus
et les groupes expérimentent
**l'étendue inimaginable**
du pardon de Dieu,
et son **œuvre imméritée**
sur la croix
pour réconcilier l'humanité avec Lui-même,
inspirant ceux qui sont en conflit à
**pardonner les offenses passées**
et à **offrir la grâce**
en dépassant des frontières
socioéconomiques,
religieuses,
ethniques,
tribales et
politiques.

**LES COMMUNAUTES RESTAURÉES**
Là où le péché et l'injustice étaient auparavant
la norme, la paix, la justice et l'égalité définissent
maintenant les relations au sein des quartiers,
des villages, des villes.
Les besoins physiques trouvent une réponse
lorsque les groupes
**Partagent** ce qu'ils ont,
**Résolvent** des questions d'injustice,
Et se mettent **au service** les uns des autres
dans un amour sacrificiel
Les besoins émotionnels et relationnels sont
satisfaits alors que les personnes cultivent
**les relations profondes,**
**variées et**
**satisfaisantes**
pour lesquelles elles ont été créées.

- Des indicateurs *quantitatifs* étaient fixés pour chaque point : pourcentage de diplômés engagés dans un ministère d'Église régulier ; nombre d'Églises du monde arabe desservies par des diplômés de l'ABTS ; proportion de diplômés hommes/femmes, etc.
- Des indicateurs *qualitatifs* étaient également fournis : perception des diplômés de la pertinence du programme d'études dans le contexte ; appréciation du travail des diplômés par les membres et responsables d'Église, etc.

Les entretiens, les groupes témoins et l'enquête réalisés dans le cadre de l'évaluation du contexte, en vue de refondre le programme ou revoir les cours, apporteront aussi les informations permettant de déterminer l'efficacité de l'institution théologique. Il n'est pas nécessaire de séparer les processus.

Il est extrêmement difficile d'élaborer des indicateurs et mesurer l'influence d'une institution théologique car il est pratiquement impossible d'utiliser, sur ce plan, des indicateurs quantitatifs. Dans cet exemple, l'ABTS a adopté certaines expressions pour dépeindre la vision biblique idéale de la société, soit : Dieu glorifié, personnes réconciliées, communautés restaurées. Les questions posées lors du processus d'évaluation avaient pour but de déterminer si les Églises, où les diplômés exerçaient leur ministère, comprenaient bien que Dieu s'attend à ces transformations de sa création et qu'il lui faut des partenaires au moyen desquels il agira.

## 5. Exercice : Organiser le processus

Le processus de relier le programme d'études au contexte part d'une prise de conscience : l'institution théologique et ses diplômés doivent être pertinents dans les communautés qu'ils servent. Il existe deux modèles d'organisation. L'un se base sur les rôles, les lignes de responsabilité et l'efficacité des processus. L'accent est mis sur l'interne ; l'objectif est de se doter d'une organisation de haute qualité qui fonctionne efficacement. L'autre modèle part de la prise de conscience qu'une institution est un organisme qui fonctionne dans un milieu et un contexte spécifiques. Pour pouvoir exister de façon permanente, une institution doit constamment s'adapter à son environnement, sans perdre de vue son intégrité, sa vision, sa mission ou son mandat. Elle doit maintenir un équilibre entre son identité propre et sa pertinence pour le contexte dans lequel elle opère. Les deux modèles ne s'excluent pas forcément, mais leurs priorités sont différentes.

Une fois que l'ensemble de l'institution s'est engagée dans cette démarche, la direction doit désigner les membres d'une équipe, avec à la tête une personne qui la dirigera, chargée de mener ce processus. Cette équipe sera constituée de professeurs et d'administrateurs. Elle devra :

- Identifier les mécanismes déjà en place pour recueillir des données comme les appréciations des étudiants et enseignants sur les cours et les différents instruments d'évaluation du progrès et des résultats des étudiants (contrôles, examens, devoirs, projets, etc.)
- Créer un système pour classer ces informations afin qu'elles soient utilisables par la direction lorsqu'elle sera amenée à prendre des décisions sur la révision des cours ou la refonte du programme.
- Considérer alors les divers contextes où les diplômés exercent leur ministère, pour y mener des évaluations périodiques comprenant :
  a) Des entretiens avec des diplômés, groupes (témoins) et/ou individuels ;
  b) Des entretiens avec les Églises (responsables et membres), en général par le biais de groupes témoins ;
  c) Des entretiens avec des personnes de la communauté locale, menés dans le voisinage de l'Église, afin d'évaluer la manière dont l'Église est perçue ;
  d) Des entretiens avec des responsables-clé d'Église dans la région ou le pays au sujet de l'institution théologique et de ses diplômés ;
  e) Des entretiens individuels avec d'autres responsables chrétiens, théologiens, sociologues et penseurs.

Ultérieurement, il faudra entreprendre une évaluation plus vaste des changements survenus dans la société, des visions de Dieu, des doctrines fondamentales de la foi chrétienne et des grandes tendances sociales et religieuses.

Des exemples de questionnaires et de grilles d'évaluation sont présentés en Annexe. Chaque institution devra élaborer les siens, déterminer les personnes à interviewer et les méthodes à employer pour collecter les données.

- Une fois les éléments recueillis, l'équipe analysera l'information et fera des recommandations sur les changements envisagés.
- Ce rapport doit ensuite être adressé à la direction de l'établissement pour lui permettre de prendre, en accord avec le conseil d'administration, les décisions appropriées.
- Un rapport distinct, sur l'efficacité de l'institution théologique en fonction des indicateurs, pourra également être établi.

# 4

# Gérer le changement et être acteur du changement

Tout changement au sein d'une institution peut être perçu par beaucoup comme une menace. Cependant, se rapprocher de l'objectif – c'est-à-dire devenir une institution qui s'adapte à son contexte pour être pertinente – implique des changements aux niveaux de la structure organisationnelle, des systèmes, des politiques et du fonctionnement. Cette perspective peut susciter toute sorte d'émotions et malaises comme la peur, la résistance ou l'incertitude. Il est possible que certains membres du personnel craignent de perdre leur emploi ou leurs responsabilités. D'autres, peuvent tout simplement redouter le changement. Soulignons que devenir une institution pertinente pour son contexte n'exige pas seulement d'apporter des modifications au programme d'études ; les transformations seront forcément multidimensionnelles. Des changements interviendront nécessairement dans :

- les aspirations et l'identité,
- les processus et systèmes,
- le programme d'études,
- les comportements,
- les compétences requises,
- les attentes,
- les structures,
- le processus et les critères d'embauche,
- le mode de direction.

Il convient donc de gérer le processus de changement correctement pour éviter une catastrophe.

# 1. Gérer le processus de changement

Les organisations expérimentent un changement de trois manières différentes :

- La direction l'impose ;
- Des circonstances extérieures, comme une diminution du financement ou une évolution de la législation, l'exigent ;
- Un processus participatif conduit à prendre conscience qu'un changement est nécessaire et qu'il est l'affaire de tous.

Dans certains modèles culturels de direction, il revient aux responsables de prendre les décisions et d'introduire les changements indispensables. Toutefois, l'efficacité à long terme de l'organisation dépend de l'adhésion de ses membres et de leur participation aux actions qui seront engagées. C'est la condition sine qua non de la viabilité du projet. Celui-ci doit prendre la forme d'un processus qui impliquera chaque membre de l'organisation ainsi que ses principaux partenaires. Il nécessite aussi une planification détaillée et une progression programmée. Le schéma 4.1 en montre les grandes lignes.

a) Il prend sa source dans la prise de conscience du fait que le changement est souhaitable et parfois, en raison des circonstances, impératif. Il se peut que seule la direction le perçoive, ou, au contraire, que cela soit admis plus largement au sein de l'institution.

b) Même s'il est largement reconnu que le changement s'impose, il appartient à la direction de le décréter.

c) Une fois la décision prise, il faut solliciter le soutien des parties prenantes clé. Celles-ci peuvent inclure le conseil d'administration, l'organisme qui représente le personnel et le corps enseignant, les principaux donateurs, etc.

d) Quand ce soutien est obtenu, un processus participatif est mis en place pour développer une vision des changements prévus, s'assurer de l'engagement de la majorité du personnel et des professeurs et de la capacité de l'organisme à réaliser les changements.

e) La planification de la mise en œuvre commence à ce moment-là. La première étape consiste à évaluer et identifier ce qui doit changer, par exemple : quels aspects du programme d'études seront touchés, quels sont les besoins du corps enseignant, quelles procédures doivent changer ; et ainsi de suite.

f) La deuxième étape de la planification est l'élaboration du nouveau système – programme d'études, politiques, structure organisationnelle

```
                    ┌─────────────┐
                    │   Désir de  │
                    │   changer   │
                    └─────────────┘
                           │
                           ▼
                    ┌─────────────┐
                    │ Décision de │
                    │  mettre en  │
                    │   œuvre le  │
                    │  changement │
                    └─────────────┘
                           │
                           ▼
     ┌──────────────┐ ┌─────────────┐ ┌──────────────┐
     │ Apprendre et │ │ Se préparer à│ │ Créer une    │
     │ apporter les │ │ entreprendre │ │ vision, un   │
     │ corrections  │ │ le changement│ │ engagement   │
     │ nécessaires  │ │              │ │ et une       │
     └──────────────┘ └─────────────┘ │ capacité     │
                                       │organisationnels│
                                       └──────────────┘
```

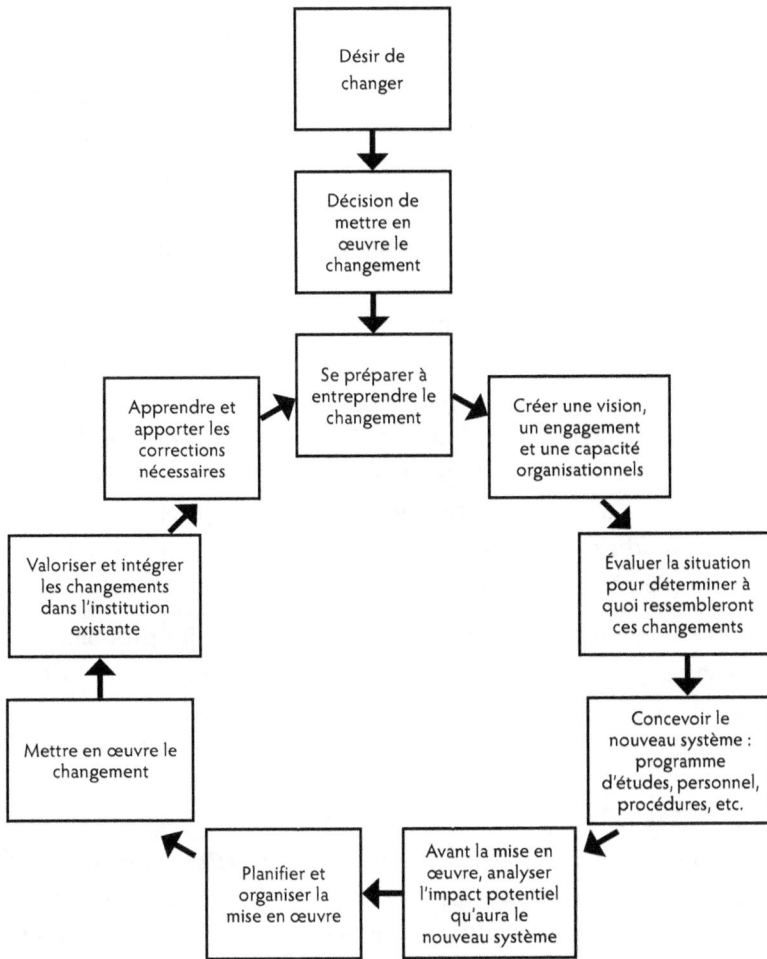

**Figure 4.1 Processus de changement organisationnel**

qui viendra à l'appui – avec l'identification des compétences requises pour le faire fonctionner.

g)  Cette étape étant franchie, il est nécessaire d'analyser l'impact potentiel des changements à venir. Auront-ils une incidence sur les inscriptions ? Le nouveau programme d'études (par exemple) attirera-t-il les étudiants potentiels ? Les Églises et missions embaucheront-elles les diplômés ayant suivi le cursus révisé ? L'institution trouvera-t-elle les professeurs pour dispenser les cours proposés ? Le financement sera-t-il suffisant ?

h) Vient maintenant la programmation de la mise en œuvre. Il faudra (1) identifier toutes les tâches à accomplir ; (2) les insérer toutes dans le planning ; (3) fixer le délai d'exécution de chacune ; et enfin (4) désigner pour chaque tâche un responsable.

i) Une fois l'étape précédente planifiée en détail, on peut passer à la mise en œuvre.

j) Celle-ci étant achevée, une célébration impliquant tout le monde est organisée. Ce sera l'occasion de remercier les participants pour leur soutien et leur engagement et d'inaugurer le nouveau système ou programme d'études. L'équipe de gestion du changement s'assurera alors qu'il est bien intégré dans l'institution.

k) L'étape finale consiste à identifier les leçons à retenir, opérer les modifications nécessaires et déterminer si des changements supplémentaires doivent encore être apportés.

Suivre une telle procédure permet de s'assurer que les problèmes et défis associés à tout processus de changement sont systématiquement repérés à tous les degrés du processus.

## 2. Être acteur du changement

Les programmes de changements institutionnels qui réussissent sont menés par des personnes qui en sont les acteurs. Il est important de comprendre comment vous, en votre qualité de responsable, vous percevez et gérez le changement.

Réfléchissez aux questions suivantes :

- Au cours des douze derniers mois, quels changements significatifs ai-je moi-même apportés ?
- Ai-je anticipé les changements externes et agi en conséquence ?
- Ai-je contribué à un ou plusieurs programmes de changement interne ?
- Ai-je été à l'écoute des idées concernant le changement ?
- Ai-je réagi positivement aux demandes de changement ?

### Exercice

Complétez le tableau ci-dessous pour évaluer votre degré d'ouverture au changement au sein d'une organisation.

## Évaluer vos compétences en gestion du changement[1]

**Instructions :** Lisez chaque affirmation et décidez si cela vous décrit et reflète vos idées et sentiments. Pour chaque affirmation, attribuez-vous une note entre 1 et 4, 1 signifie que ce n'est absolument pas le cas et 4 que ça l'est entièrement.

| | Affirmation | 1 | 2 | 3 | 4 | Commentaires |
|---|---|---|---|---|---|---|
| 1 | J'essaie d'anticiper et de mettre en œuvre le changement au sein de mon organisation. | | | | | |
| 2 | J'utilise pleinement les dernières technologies dans ma vie et mon travail. | | | | | |
| 3 | Je prends au sérieux tous les changements dans mon environnement, dans la technologie, la théologie et l'éducation. | | | | | |
| 4 | Je suis constamment à la recherche de changements radicaux et continus. | | | | | |
| 5 | J'aime être différent(e) et cherche des moyens productifs de créer la différence | | | | | |
| 6 | Je suis ouvert(e) aux nouvelles idées et perspectives. | | | | | |
| 7 | Je sais lier changements et besoins identifiés des Églises et ministères. | | | | | |
| 8 | Je veille à ce que ma conception du changement soit simple et concise. | | | | | |
| 9 | Je tiens compte des professeurs, Églises et divers ministères dans mes projets de changement. | | | | | |
| 10 | Je développe une argumentation réfléchie pour tout changement ou projet de changement. | | | | | |
| 11 | Je décompose chaque projet de changement en étapes faciles à gérer. | | | | | |
| 12 | Je consulte différentes personnes au moment de déterminer la stratégie et les actions à mener. | | | | | |
| 13 | J'obtiens l'accord des personnes concernées pour les actions qui leurs seront demandées. | | | | | |
| 14 | Je constitue des équipes qui seront les unités de base de la gestion du changement. | | | | | |
| 15 | J'adopte des solutions rapides pour obtenir des résultats visibles dès le début du processus. | | | | | |

1. Adapté de Robert Heller, *Managing Change*, New York, DK Adult, 1998, p. 66-69.

| 16 | J'établis des plans bien à l'avance pour obtenir les bienfaits à long terme du changement. | | | | |
|----|---|---|---|---|---|
| 17 | Je veille à ne pas susciter d'attentes exagérément optimistes ou pessimistes. | | | | |
| 18 | Je saisis les occasions pour récompenser, apprécier et encourager les changements réussis. | | | | |
| 19 | Je veille à ce que tous connaissent la réponse à la question : « Que cela va-t-il m'apporter ? » | | | | |
| 20 | J'ai, en réserve, des plans de rechange efficaces et souples. | | | | |
| 21 | J'anticipe les réactions négatives et prévois comment y faire face. | | | | |
| 22 | J'ai recours à des projets-pilotes et des essais bien conçus pour tester mes projets de changement. | | | | |
| 23 | Je partage, dès que possible, les informations pertinentes avec mes collègues et le personnel. | | | | |
| 24 | Je collabore étroitement avec des personnes partageant mon état d'esprit et qui voient le changement avec enthousiasme. | | | | |
| 25 | Je fais preuve de souplesse et m'adapte aisément lorsque les besoins changent. | | | | |
| 26 | J'encourage les autres à s'exprimer ouvertement et à faire part de leurs réticences. | | | | |
| 27 | Je réponds immédiatement, vigoureusement et équitablement aux résistances au changement. | | | | |
| 28 | J'utilise des mesures quantitatives pour obtenir les résultats que je désire. | | | | |
| 29 | Je réexamine et modifie les présupposés qui sous-tendent le plan de changement. | | | | |
| 30 | Je veille à ce qu'une formation maintienne les personnes à jour par rapport au changement. | | | | |
| 31 | J'amorce le prochain projet de changement dès que l'actuel touche à sa fin. | | | | |
| 32 | J'ai recours à des auto-évaluations pour vérifier que tout va bien dans l'organisation. | | | | |
| | **TOTAL** | | | | **SCORE TOTAL :** |

## Comprendre votre score

**32-64** Vous résistez au changement et n'êtes pas convaincu des bienfaits de ceux qui sont proposés. Il vous faut surmonter vos peurs et apprendre à anticiper le changement.

**65-95** Vous comprenez la nécessité de changer ; il vous faut maintenant développer les compétences qui vous permettront de gérer le changement avec succès.

**96-128** Vous êtes un agent compétent du changement. Cependant, rappelez-vous que c'est un processus sans fin. Alors attendez-vous à en connaître de nouveaux.

## *Réflexion*

Pour mener efficacement le processus de changement, identifiez les points suivants :

- Quelles **attitudes** dois-je revoir pour devenir un acteur et un conducteur efficace du changement ?
- Qu'ai-je besoin de mieux **comprendre** au sujet du processus de changement pour devenir un acteur et un conducteur efficace du changement ?
- Quelles **compétences** dois-je acquérir et maîtriser davantage afin de devenir un acteur et un conducteur efficace du changement ?

# Annexe

# Modèle de boîte à outils

1. *Voici un modèle de questionnaire pour des entretiens individuels avec des diplômés ou à utiliser lors de discussions avec des groupes témoins de diplômés.*

| RÉSULTAT – Guide d'entretien pour recueillir les appréciations des diplômés | |
|---|---|
| **Date** | |
| **Nom du/de la diplômé(e)**<br>**Cursus**<br>**Année d'obtention du diplôme** | |
| **Question** | **Réponse** |
| 1. Dans quel(s) type(s) de ministère est-il/elle engagé(e) ?<br>(Pastoral, implantation d'église, enfants et jeunesse, etc.)<br><br>Afin de mieux cerner son ministère :<br>Dans quelles catégories ci-dessous est-il/elle engagé(e) et que fait-il/elle précisément ?<br>a. Prédication<br>b. Enseignement<br>c. Discipulat, mentorat, formation<br>d. Ministère auprès des familles/enfants/jeunes/femmes<br>e. Implantation d'église<br>f. Relation d'aide<br>g. Évangélisation<br>h. Travail parmi les démunis et les marginaux (gestion de projet)<br>i. Gestion des conflits dans l'église<br>j. Action sociale dans les quartiers<br>k. Gouvernance d'église, structures et direction<br>l. Gestion financière<br>m. Ministère dans le monde des affaires<br><br>Échelle de 1-5<br>1 : N'y participe pas<br>3 : Y participe parfois<br>5 : Y participe régulièrement | |

| | |
|---|---|
| 2. Quels sont les éléments les plus importants appris pendant ses études à l'institution théologique ?<br>- Comment s'en sert-il/elle dans son ministère ?<br>- À quelle fréquence ?<br>- Qu'utilise-t-il/elle d'autre (en théologie et en pratique) ?<br><br>Échelle de 1 à 5<br>1 : Rarement (une fois par an)<br>3 : De temps à autre (deux fois par mois)<br>5 : Régulièrement (plusieurs fois par mois) | |
| 3. Qu'a-t-il/elle appris pendant sa formation qu'il/elle n'utilise pas ?<br><br>Échelle de 1 à 3<br>1 : Non lié à son ministère<br>3 : Directement lié à son ministère<br>(Présentez-lui la liste des cours en lui demandant lesquels étaient utiles ou non et pourquoi.) | |
| 4. Qu'aurait-il/elle souhaité apprendre pendant ses études de théologie ?<br><br>Échelle de 1 à 3<br>1 : Étudié, mais un approfondissement aurait été souhaitable<br>3 : Non couvert par le programme d'études suivi | |
| 5. Dans quelle mesure se sentait-il/elle bien préparé(e) lorsqu'il/elle a commencé son ministère actuel ?<br><br>Comment l'institution théologique pourrait-elle préparer plus efficacement ses futurs diplômés à ce type de poste ?<br><br>Échelle de 1 à 5<br>1 : Pas du tout préparé(e)<br>3 : Moyennement préparé(e)<br>5 : Extrêmement bien préparé(e) | |
| 6. (S'il/elle est impliqué[e] dans une organisation para-église) :<br>Comment voit-il/elle la relation entre cette organisation et l'église locale ?<br><br>Échelle de 1 à 3<br>1 : Sans lien<br>3 : Liés intrinsèquement/stratégiquement | |

| | |
|---|---|
| 7. Quels sont les principaux défis auxquels son église/association et la communauté locale sont confrontées actuellement ? En a-t-il/elle rencontré de nouveaux dans le quartier où il/elle est engagé(e) ?<br><br>Échelle de 1 à 5<br>1 : N'y répondent pas<br>3 : Y répondent moyennement, avec une efficacité limitée<br>5 : Répondent efficacement | |
| 8. Se réfère-t-il/elle au profil du diplômé de la faculté ?<br>Dans l'affirmative, à quelle fréquence réfléchit-il/elle à sa position par rapport à cette feuille de route du ministère ?<br><br>Échelle de 1 à 5<br>1 : Ne s'en sert pas<br>3 : S'en sert rarement<br>5 : S'en sert régulièrement | |
| 9. Dans quelle mesure l'institution théologique a-t-elle eu un impact sur la conviction qu'il/elle a de son appel divin ?<br><br>Échelle de 1 à 5<br>1 : N'a pas eu d'impact sur la conviction de son appel<br>3 : A eu un impact modéré sur la conviction de son appel<br>5 : A eu un fort impact sur la conviction de son appel | |
| **Autres commentaires/notes** | |

2. *Voici un modèle de questionnaire pour les entretiens avec les responsables et membres de l'église où le/la diplômé(e) exerce son ministère.*

| **RÉSULTAT – Retours de groupe témoin d'église/d'association** | | |
|---|---|---|
| **Date** | | |
| **Nom de l'église/ association** | | |
| **Question** | | **Réponse** |
| Comment les diplômés (et étudiants) de l'institution théologique sont-ils impliqués dans l'église/association ?<br><br>(si possible, donner leur nom, cursus et année de sortie) | | |

| | |
|---|---|
| Si l'église/association devait embaucher un(e) ouvrier(ère) chrétien(ne)* aujourd'hui, quelles qualités voudrait-elle qu'il/elle ait ?<br>- Attitude<br>- Compétences<br>- Connaissances<br><br>Dans quelle mesure l'institution théologique façonne-t-elle des ouvriers chrétiens* possédant ces qualités ? | |
| Dans la liste ci-dessous, quelles activités sont importantes pour l'Église/ l'association ? Parmi ces activités, dans lesquelles l'Église/ l'association est-elle engagée ?<br><br>a. Prédication<br>b. Enseignement<br>c. Discipulat, mentorat, formation<br>d. Ministère après des familles/enfants/jeunes/femmes<br>e. Implantation d'église<br>f. Relation d'aide<br>g. Évangélisation<br>h. Travail parmi les démunis et marginaux (gestion de projet)<br>i. Gestion des conflits dans l'église<br>j. Action sociale dans les quartiers<br>k. Gouvernance d'église, structures et direction<br>l. Gestion financière<br>m. Ministère dans le monde des affaires | |
| Quelle est la gouvernance/la structure de l'église/association ?<br><br>Comment l'ouvrier(ère) chrétien(ne) s'y situe-t-il/elle ? | |
| L'église/association a-t-elle une vision commune ?<br><br>Dans l'affirmative, la décrire.<br><br>De manière générale, comment un(e) ouvrier(ère) chrétien(ne) peut-il/elle permettre à l'église/association d'accomplir sa vision ? | |
| À quels défis l'église/association est-elle confrontée ?<br>- internes<br>- externes | |
| Dernières réflexions :<br>Comment l'institution théologique peut-elle former plus efficacement les ouvriers chrétiens ? | |
| **Autres commentaires/notes** | |

\*    Dans ce contexte, l'expression, « ouvrier chrétien » peut signifier pasteur, implanteur d'église, responsable de ministère enfants/jeunesse, responsable d'église de maison, collaborateur d'ONG, etc.

3.   *Voici un modèle de questionnaire qui peut être utilisé lors des entretiens avec des habitants du quartier où l'église est située. L'objectif de ces entretiens est de déterminer comment l'église est perçue et quel impact elle a sur son quartier.*

| IMPACT – Entretiens avec le voisinage | | |
|---|---|---|
| **Date** | | |
| **Nom de l'église/ association** | | |
| **Question** | | **Réponse** |
| Avez-vous entendu parler de cette église ? (Nom de l'église locale où le/la diplômé[e] de l'institution théologique est engagé[e], ou nom du pasteur, etc. ?) | | |
| Avez-vous eu des contacts avec des personnes de cette église ? (Si oui, précisez :) | | |
| À votre avis, que croit cette église ? (Pourquoi pensez-vous ainsi ?) | | |
| De manière générale, quel rôle une église devrait-elle jouer dans son quartier ? Comment l'église et le voisinage peuvent-ils améliorer leurs relations ? | | |
| L'église constitue-t-elle un facteur positif ou négatif dans la société ? Que pourrait-elle faire devenir un facteur positif dans la société ? | | |
| Avez-vous des amis chrétiens ? Pouvez-vous les décrire ? Comment sont-ils ? | | |
| Que croyez-vous au sujet de Dieu ? | | |
| Qu'est-ce qui vous vient à l'esprit lorsque vous pensez à : (a) La réconciliation ? (b) Le pardon ? (c) Être accepté ? (d) La justice ? (ou toute autre « Valeur du Royaume » abordée pendant les études à l'institution théologique) | | |
| **Autres commentaires/notes** | | |

4.   *Voici un échantillon de questions à utiliser lors de visites de projets ou ministères d'église pour déterminer l'engagement de l'église dans son quartier.*

## IMPACT – Engagement de l'église dans son quartier

Rendez-vous, si possible, sur place pour en apprendre plus sur les projets et ministères de l'église.

A.   Comment l'église s'engage-t-elle dans son quartier et dans la société pour répondre aux besoins en proposant des services, des projets de développement et/ou de plaidoyer ?

B.   Comment l'église démontre-t-elle concrètement la réalité de la bonne nouvelle du royaume de Dieu ?

5.    *Voici un échantillon de questions pour tenter de cerner la perception qu'a la société de vérités chrétiennes de base et de tendances sociales.*

## IMPACT – Entretiens avec des personnes-ressource clé

A.    Perception qu'a l'église et de son efficacité/impact/influence et de celle des :
   a.    Responsables clé des églises
   b.    Personnes de l'extérieur/ non-croyants
B.    Comment la société environnante perçoit-elle :
   a.    Dieu (Jésus-Christ, la Trinité, etc.) ?
   b.    La Bible ?
   c.    L'Église ?
   d.    Le salut ?
C.    Quels messages concurrents circulent dans la société et par le biais de quels médias ?

# Bibliographie

BANKS, Robert, *Reenvisioning Theological Education*, Grand Rapids, Eerdmans, 1999.

BARTH, Karl, *Dieu pour nous*, trad. Pierre Maury en collaboration avec Roland de Pury et Jean Bosc, Paris, Les Bergers et les mages, 1998.

CRONSHAW, Darren, « Reenvisioning Theological Education and Missional Spirituality », *Journal of Adult Theological Education* 9, no. 1, 2012, p. 9-27.

EDGAR, Brian, « The Theology of Theological Education », *Evangelical Review of Theology* 29, no. 3, 2005, p. 208-217.

FINGER, Thomas N., *Contemporary Anabaptist Theology: Biblical, Historical, Constructive*, Downers Grove, InterVarsity Press, 2004.

FRANKE, John, *The Character of Theology: An Introduction to Its Nature, Task, and Purpose*, Grand Rapids, Baker Academic, 2005.

FREI, Hans W., *Types of Christian Theology*, sous dir. George Hunsinger et William C. Plancher, New Haven, Yale University Press, 1992.

GRENZ, Stanley, et Roger OLSON, *Who Needs Theology? An Invitation to the Study of God*, Downers Grove, InterVarsity Press, 1996.

HALL, Douglas John, *The Cross in Our Context: Jesus and the Suffering World*, Minneapolis, Fortress Press, 2003.

HIEBERT, Paul, *Anthropological Reflections on Missiological Issues*, Grand Rapids, Baker, 1994.

HELLER, Robert, *Managing Change*, New York, DK Adult, 1998.

JAEGER, Werner, *Early Christianity and Greek paideia*, Cambridge, Harvard University Press, 1961.

JOUGHIN, Gordon, et Ranald MACDONALD, « A Model of Assessment in Higher Education Institutions », The Higher Education Academy. Accessed 12 September 2014. https://www.llas.ac.uk/resourcedownloads/2968/Joughin_and_Macdonald_model_assessment.pdf

KELSEY, David H., *Between Athens and Berlin: The Theological Debate*, Grand Rapids, Eerdmans, 1993.

KERTESI, Gabor, « The Assessment and Evaluation of Educational Institutions, School Accountability », dans *Green Book for the Renewal of Public Education in Hungary,* sous dir. Janos Kollo et Julia Varga, Budapest, Ecostat Government Institute for Strategic Research of Economy and Society, 2009, p. 179-200.

LEHTONEN, Teemu J., « Leadership Formation in the Global Context », DMin diss., Acadia Divinity College, Acadia University, 2014.

McCLENDON, James, *Ethics: Systematic Theology Vol. 1*, Nashville, Abingdon Press, 2002.

McCLENDON, James, *Systematic Theology: Doctrine, Vol. 2*, Nashville, Abingdon Press, 1994.

McGRATH, Alister E., *Christian Theology: An Introduction,* 5e éd., Chichester, Wiley-Blackwell, 2011.

MIGLIORE, Daniel, *Faith Seeking Understanding: An Introduction to Christian Theology*, Grand Rapids, Eerdmans, 2004.

MURRAY, Stuart, *Church After Christendom*, Bletchley, Paternoster, 2005.

NEWBIGIN, Lesslie, *Sign of the Kingdom*, Grand Rapids, Eerdmans, 1981.

NIEBUHR, H. Richard, *Christ and Culture*, New York, Harper, 1951.

OECD Des politiques meilleures pour une vie meilleure, « Critères du CAD pour l'évaluation de l'aide au développement », consulté le 12 juillet 2014, http://www.oecd.org/fr/developpement/evaluation/criteres-cad-evaluation.htm

PETERSON, Eugene, *Under the Unpredictable Plant: An Exploration in Vocational Holiness*, Grand Rapids, Eerdmans, 1994. Édition française : *Dans le ventre du poisson : où l'on apprend la sainteté de sa vocation*, trad. Antoine Doriath, Québec, Éditions La Clairière, 2006.

SCHLEIERMACHER, Friedrich, et Terrence TICE, *Brief Outline of Theology as a Field of Study: Revised Translation of the 1811 and 1830 Editions,* 3e éd., Louisville, Westminster John Knox Press, 2011.

TALEB, Nassim Nicholas, *Le Cygne Noir : La puissance de l'imprévisible*, trad. Christine Rimoldy, Paris, Les Belles Lettres, 2012.

TARNAS, Richard, *The Passion of the Western Mind: Understanding the Ideas that have Shaped our World View*, New York, Harmony Books, 1993.

VERHOEVEN, Jef C., « Assessment and Management in Institutions of Higher Education », dans *Quality Assessment for Higher Education in Europe,* sous dir. Alessandro Cavalli, Pavia, Portland Press Ltd., 2007, p. 27-41.

PERCY, Walker, In *Conversations with Walker Percy*, sous dir. Peggy Whitman Prenshaw, Jackson, University of Mississippi Press, 1985.

WOOD, Charles, *Vision and Discernment: An Orientation in Theological Studies*, Atlanta, Scholars Press, 1985.

# Table des matières

ICETE

Global Hub for Evangelical Theological Education

## Conseil International pour l'Enseignement Théologique Évangélique

L'ICETE est une communauté mondiale, parrainée par neuf réseaux régionaux d'écoles théologiques, pour permettre l'interaction et la collaboration internationales entre toutes les personnes engagées dans le renforcement et le développement de l'enseignement théologique évangélique et du leadership chrétien dans le monde.

### Le but de l'ICETE est de :

1. Promouvoir l'amélioration de la formation théologique évangélique dans le monde.
2. Servir de forum d'interaction, de partenariat et de collaboration entre les personnes impliquées dans l'enseignement théologique évangélique et le développement du leadership, pour l'assistance, la stimulation et l'enrichissement mutuels.
3. Fournir des services de mise en réseau et de soutien pour les associations régionales d'institutions théologiques évangéliques dans le monde.
4. Aider ces organismes à promouvoir leurs services auprès de l'enseignement théologique évangélique dans leurs régions.

### Les associations de parrainage comprennent :

**Afrique :** Association for Christian Theological Education in Africa (ACTEA)

**Amérique Latine :** Association for Evangelical Theological Education in Latin America (AETAL)

**Amérique du Nord :** Association for Biblical Higher Education (ABHE)

**Asie :** Asia Theological Association (ATA)

**Caraïbes :** Caribbean Evangelical Theological Association (CETA)

**Eurasie :** Euro-Asian Accrediting Association (E-AAA)

**Europe :** European Evangelical Accrediting Association (EEAA)

**Moyen-Orient et Afrique du Nord :** Middle East Association for Theological Education (MEATE)

**Pacifique Sud :** South Pacific Association of Evangelical Colleges (SPAEC)

**www.icete-edu.org**

# Langham
### PARTNERSHIP

Langham Partnership est un organisme chrétien international et interdénominationnel qui poursuit la vision reçue de Dieu par son fondateur, John Stott :

*promouvoir la croissance de l'église vers la maturité en Christ en relevant la qualité de la prédication et de l'enseignement de la Parole de Dieu.*

**Notre vision** est de voir des églises équipées pour la mission, croissant en maturité en Christ, par le ministère de pasteurs et de responsables qui croient, qui enseignent et qui vivent la Parole de Dieu.

**Notre mission est de renforcer le ministère de la Parole de Dieu de trois manières:**
- par la mise en place de mouvements nationaux de formation à la prédication biblique
- par la rédaction et la distribution de livres évangéliques
- par la formation d'enseignants théologiques évangéliques qualifiés qui formeront ensuite des pasteurs et responsables d'églises dans leurs pays respectifs

**Notre ministère**

*Langham Preaching* collabore avec des responsables nationaux en vue de la création de mouvements de prédication biblique dirigés par les nationaux eux-mêmes. Ces mouvements, qui naissent progressivement un peu partout dans le monde, rassemblent non seulement des pasteurs mais aussi des laïcs. Nos équipes de formateurs venus de beaucoup de pays différents proposent une formation pratique qui comporte plusieurs niveaux, suivie d'une formation de facilitateurs locaux. La continuité est assurée par des groupes de prédicateurs locaux et par des réseaux régionaux et nationaux. Ainsi nous espérons bâtir des mouvements solides et dynamiques, constitués de prédicateurs entièrement consacrés à la prédication biblique.

*Langham Literature* fournit des livres évangéliques et des ressources électroniques par la publication et la distribution, par des subventions et des réductions à des leaders et futurs leaders, à des étudiants et bibliothèques de séminaires dans le monde majoritaire. Nous encourageons aussi la rédaction de livres évangéliques originaux dans de nombreuses langues nationales par le biais de bourses pour des écrivains, en soutenant des maisons d'éditions évangéliques locales, et en investissant dans quelques projets majeurs comme *le Commentaire Biblique Contemporain* qui est un commentaire de la Bible en un seul volume rédigé par des auteurs africains pour l'Afrique.

*Langham Scholars* soutient financièrement des doctorants évangéliques du monde majoritaire dans le but de les voir retourner dans leurs pays d'origine pour former des pasteurs et d'autres chrétiens nationaux en leur proposant un enseignement biblique et théologique solide. Cette branche de Langham cherche donc à équiper ceux qui en équiperont d'autres. Langham Scholars travaille aussi en partenariat avec des séminaires dans le monde majoritaire afin de renforcer l'éducation théologique évangélique sur place. De ce fait, un nombre croissant de « Langham Scholars » (le nom « Scholars » signifie « boursiers ») peut aujourd'hui suivre des programmes doctoraux de haut niveau au cœur même du monde majoritaire. Une fois leurs études terminées, ces « Langham Scholars » vont non seulement former à leur tour une nouvelle génération de pasteurs mais exercer une grande influence par leurs écrits et par leur leadership.

Pour plus d'informations, consultez notre site: langham.org

www.ingramcontent.com/pod-product-compliance
Lightning Source LLC
Chambersburg PA
CBHW051433090426
42737CB00014B/2951